MARCEL DUBOIS

E. SIEURIN

Cartes d'Étude

pour servir

à l'Enseignement de la Géographie

GÉOGRAPHIE GÉNÉRALE
ASIE, OCÉANIE, AFRIQUE, AMÉRIQUE

Quatrième édition

CORRIGÉE ET AUGMENTÉE DE DEUX CARTES

MASSON ET Cie, ÉDITEURS

CARTES D'ÉTUDE

GÉOGRAPHIE GÉNÉRALE

ASIE, OCÉANIE, AFRIQUE, AMÉRIQUE

Les **CARTES D'ÉTUDE** forment trois parties :

Première partie :

La France (*Cinquième édition*) : 40 feuilles (240 cartes et cartons dont voici le détail) :

1. Situation de la France dans le monde. — 2. France géologique. — 3. France orographique. — 4. Les Alpes. — 5. Principaux passages des Alpes. — 6. Le Jura, les Vosges et le Morvan. — 7. Massif central. — 8. Les Pyrénées. — 9. Régions climatériques, pluies, lignes isothermes. — 10. France hydrographique. — 11. Tributaires de la mer du Nord, la Seine et ses affluents. — 12. La Loire et ses affluents. Les fleuves bretons. — 13. La Garonne et ses affluents. L'Adour. — 14. Le Rhône et ses affluents. Les fleuves côtiers méditerranéens. — 15. France limnologique. — 16, 17, 18, 19. La côte française. — 20. France économique. — 21. France économique (*Suite*). — 22. Chemins de fer. — 23. Canaux et voies navigables. — 24. France historique. Carte d'ensemble. — 25. France politique. Départements et anciennes provinces. — 26. France politique. Ire région. — 27. IIe région. — 28. IIIe, IVe régions. — 29. Ve, VIe régions. — 30. VIIe région. — 31. VIIIe région. — 32. France administrative. — 33. France universitaire. — 34. Défense du territoire. Frontière belge et frontière allemande. — 35. Défense du territoire. Frontière des Alpes et frontière des Pyrénées. — 36. Maroc, Algérie-Tunisie (carte physique et carte politique). — 37. Zone saharienne réservée à l'influence française, Soudan français (carte physique). Sénégal, Rivières du sud, Côtes de Guinée, Pays du Niger, Sénégal et Soudan français (carte physique). Gabon et Congo français. — 38. Madagascar. Possessions françaises de l'Indo-Chine. Tonkin, Cochinchine. — 39. La Guyane française, Terre-Neuve, St-Pierre et Miquelon, Martinique, Guadeloupe, Nouvelle-Calédonie, Autres Colonies de l'Océanie. — 40. Madagascar.

1 vol. in-4, cartonné, dos vert........ .... **1 80**

Deuxième partie :

L'Europe (*Troisième édition*) : 31 feuilles (130 cartes et cartons) :

1. Situation de l'Europe dans le monde. — 2. Europe géologique (carte d'ensemble). — 3. Europe physique (carte d'ensemble). — 4. Europe climatérique. — 5. Europe ethnographique. — 6. Europe politique (carte d'ensemble). — 7. La Méditerranée — 8. Les Alpes. — 9. Le Rhin. — 10. Le Danube. — 11. Iles Britanniques (carte d'ensemble). — 12. Iles Britanniques (carte physique). — 13. Belgique et Hollande. — 14. Belgique et Hollande (carte politique). — 15. Scandinavie (carte physique). — 16. Scandinavie (carte politique). — 17. Russie physique. — 18. Russie politique et économique. — 19. Autriche-Hongrie (carte physique). — 20. Autriche-Hongrie (carte politique). — 21. Allemagne physique. — 22. Allemagne politique. — 23. Suisse physique. — 24. Suisse politique. — 25. Espagne et Portugal (carte physique). — 26. Espagne et Portugal (carte politique). — 27. Italie physique. — 28. Italie politique. — 29. Péninsule des Balkans (carte physique). — 30. Péninsule des Balkans (carte politique). — 31. La Grèce.

1 vol. in-4, cartonné, dos bistre...................... .... **1 80**

Troisième partie :

Géographie générale : Asie, Océanie, Afrique, Amérique (*Quatrième édition*) : 52 feuilles (250 cartes et cartons) :

1 et 2. Notions de cosmographie. — 3. Les mers. — 4. Les continents. — 5. Le relief terrestre. — 6. Les eaux douces (fleuves-lacs). — 7. Les côtes. — 8 et 9. L'atmosphère. — 10. Principales productions du sol. — 11. Ethnographie. — 12. Asie physique. — 13. Asie politique. — 14. Sibérie, Turkestan. — 15. Iran, Arménie, pays du Caucase. — 16. Asie-Mineure. — 17. Mésopotamie, Syrie, Arabie. — 18. Inde physique. — 19. Inde politique et économique. — 20. Asie centrale. — 21. Chine. — 22. Indo-Chine. — 23. Japon et Corée. — 24. Océanie (carte générale). Nouvelle-Zélande et Nouvelle-Guinée. — 25. Australie. — 26. Indes Néerlandaises, Philippines. — 27. Polynésie. — 28. Afrique physique. — 29. Afrique politique. — 30. Maroc, Algérie, Tunisie. — 31. Côte tripolitaine, Cyrénaïque, Sahara. — 32. Égypte, Nubie, Abyssinie. — 33. Soudan. — 34. Afrique équatoriale. — 35. Afrique équatoriale (*Suite*). — 36. Afrique australe (carte physique). — 37. Afrique australe (carte politique) et Afrique insulaire. — 38. Amérique physique. — 39. Amérique du Nord (politique). — 40. Le Pôle Nord. — 41. Canada. — 42. États-Unis (physique). — 43. États-Unis (politique et économique). — 44. Mexique et Amérique centrale (physique). — 45. Mexique et Amérique centrale (politique) — 46. Les Antilles. — 47. Amérique du Sud (politique). — 48. Colombie, Venezuela, Guyanes. — 49. Equateur, Pérou, Bolivie. — 50. Brésil. — 51. République Argentine. — 52. Grandes voies de communication du globe.

1 vol. in-4, cartonné, dos bleu, 3e édition........... .... **2 50**

Elles sont en outre vendues reliées en un volume. Prix.............. .... **6 fr.**

2336-98. — Corbeil. Imprimerie Ed. Crété

Cartes d'Étude

pour servir à l'enseignement

de la Géographie

PAR MM.

Marcel DUBOIS

PROFESSEUR DE GÉOGRAPHIE COLONIALE A LA FACULTÉ DES LETTRES DE PARIS
MAITRE DE CONFÉRENCES A L'ÉCOLE NORMALE SUPÉRIEURE DE JEUNES FILLES DE SÈVRES

et

E. SIEURIN

PROFESSEUR DE GÉOGRAPHIE AU COLLÈGE DE MELUN

GÉOGRAPHIE GÉNÉRALE
ASIE, OCÉANIE, AFRIQUE, AMÉRIQUE

QUATRIÈME ÉDITION
CORRIGÉE ET AUGMENTÉE DE DEUX CARTES

PARIS
MASSON ET Cie, ÉDITEURS
120, BOULEVARD SAINT-GERMAIN

1899

ENSEIGNEMENT DE LA GÉOGRAPHIE

Ouvrages de M. Marcel DUBOIS

PROFESSEUR DE GÉOGRAPHIE COLONIALE A LA FACULTÉ DES LETTRES DE PARIS, MAITRE DE CONFÉRENCES A L'ÉCOLE NORMALE SUPÉRIEURE DE JEUNES FILLES DE SÈVRES

Cours normal de Géographie à l'usage des établissements secondaires de jeunes filles et des écoles primaires supérieures. (Collection in-16, cartonné, toile verte.)

PREMIÈRE ANNÉE : **NOTIONS PRÉLIMINAIRES GÉNÉRALES, OCÉANIE, AMÉRIQUE, AFRIQUE.** 1 volume .... **2 fr. 25**

DEUXIÈME ANNÉE : **ASIE, EUROPE.** 1 volume .... **2 fr. 25**

TROISIÈME ANNÉE : **FRANCE ET COLONIES.** 1 volume .... **2 fr. 25**

Cours complet de Géographie pour l'enseignement secondaire (Enseignement classique, enseignement moderne).

Collection petit in-8 relié, toile grise, avec figures, cartes et croquis.

Géographie élémentaire des cinq parties du monde, 90 figures, cartes et croquis, avec la collaboration de M. THALAMAS, professeur au lycée d'Angers .... 2 fr.

Géographie élémentaire de la France et de ses colonies. — *Cours élémentaire*, 59 figures, cartes et croquis, avec la collaboration de M. THALAMAS, professeur au lycée d'Angers. 2 fr.

Géographie générale du monde. — Géographie du bassin de la Méditerranée, 71 figures, cartes et croquis, avec la collaboration de M. A. PARMENTIER, professeur au collège Chaptal .... 2 fr.

Géographie de la France et de ses colonies. — *Cours moyen*, 112 figures, cartes et croquis .... 3 fr.

Géographie générale. — Étude du continent américain, 59 cartes et croquis, avec la collaboration de M. Aug. BERNARD, professeur à l'École supérieure des lettres d'Alger. 3 fr.

Afrique, Asie, Océanie, 20 cartes et croquis, avec la collaboration de M. C. MARTIN, professeur agrégé d'histoire et de géographie, et M. H. SCHIRMER, professeur à la Faculté de Lyon. 2e édition revue et corrigée 3 50

Europe, avec la collaboration de MM. P. DURANDIN, professeur agrégé d'histoire et de géographie, et A. MALET, professeur au lycée Voltaire. 2e édit. revue et corrigée. 5 fr.

Géographie de la France et de ses colonies. — *Cours supérieur*, avec la collaboration de M. F. BENOIT, professeur au lycée de Chartres. 209 figures, cartes et croquis.... 6 fr.

Précis de Géographie à l'usage des candidats à l'École spéciale militaire de Saint-Cyr, avec la collaboration de Camille GUY, professeur agrégé d'histoire et de géographie.

Un volume in-8 de 1209 pages, avec 276 cartes .... **12 fr. 50**

Ouvrages de MM. Marcel DUBOIS et SIEURIN

Cartes d'Étude pour servir à l'enseignement de la Géographie.

PREMIÈRE PARTIE : **LA FRANCE** : 40 feuilles (240 cartes et cartons). Cinquième édition. 1 volume relié. **1 fr. 80**

DEUXIÈME PARTIE : **L'EUROPE** : 29 feuilles (130 cartes et cartons). Troisième édition. 1 volume relié. **1 fr. 80**

TROISIÈME PARTIE : **GÉOGRAPHIE GÉNÉRALE : ASIE, OCÉANIE, AFRIQUE, AMÉRIQUE** : 52 feuilles (250 cartes et cartons). Quatrième édition. 1 volume relié .... **2 fr. 50**

Nouvelles Cartes d'Étude pour les classes élémentaires.

LES CINQ PARTIES DU MONDE, LA FRANCE. — 26 cartes avec texte explicatif. 1 volume relié .... **2 fr. 60**

Ouvrage de MM. CORRÉARD et SIEURIN

Cartes d'Étude pour servir à l'enseignement de l'histoire, par F. CORRÉARD, professeur d'histoire au lycée Charlemagne, et E. SIEURIN.

I. TEMPS MODERNES ET CONTEMPORAINS (1610-1899). — 1 atlas in-4° contenant 93 cartes et cartons. Relié .... **2 fr.**

GÉOGRAPHIE GÉNÉRALE

ASIE, OCÉANIE, AFRIQUE, AMÉRIQUE

DÉTAIL DES CARTES ET DES CARTONS

I. — GÉOGRAPHIE GÉNÉRALE

N° 1. — Notions de Cosmographie.

Les lointaines planètes. — Le voisinage du soleil. — Révolution de la terre autour du soleil. — Zones terrestres. — Marche apparente du soleil. — Le jour et la nuit.

N° 2. — Notions de Cosmographie (suite).

Les éclipses. — Phases de la lune. — Longitude et latitude. — Sphéricité de la terre. — Convexité de la terre. — Échelles.

N° 3. — Les Mers.

Hémisphère continental et hémisphère maritime. — Profondeurs des mers. — Courants maritimes.

N° 4. — Les Continents.

Cartons : Superficie comparée des continents. — Distribution géographique des volcans. — Différentes formes de récifs corallifères.

N° 5. — Le relief terrestre.

Cartons : Superficie comparée des Pyrénées, des Alpes et des Thian-Chan. — Altitude moyenne des divers continents.

N° 6. — Les eaux courantes et les lacs.

Cartons : Longueur comparée de quelques grands fleuves. — Superficie comparée de quelques grands lacs. — Débit moyen de quelques fleuves.

N° 7. — Les Côtes.

Cartons : Les plus grandes îles. — Côte de la Méditerranée. — Proportion du contour géométrique au contour réel.

N° 8. — L'Atmosphère.

Système général des vents. — Tracé des lignes isothermes.

Cartons : Déviation des alizés. — La mousson d'été.

N° 9. — L'Atmosphère (suite).

Les pluies d'après leur saison. — Les pluies d'après leur quantité.

N° 10. — Productions du globe.

Cartons : Les Zones de végétation. — Principaux pays producteurs.

N° 11. — Ethnographie.

Principales races humaines. — Densité de la population.

II. — ASIE

N° 12. — Asie (carte physique).

Cartons: Superficie comparée de l'Asie et de la France. — Aires de végétation en Asie. — Bassins fermés de l'Asie. — Profil du continent asiatique du nord au sud. — Profil du continent asiatique de l'ouest à l'est.

N° 13. — Asie (carte politique).

Cartons : Races de l'Asie. — Détroit de Bab-el-Mandeb.

N° 14. — Sibérie et Turkestan.

Cartons : Superficie comparée de la France et de la Sibérie. — Carte géologique. — Carte économique. — Turkestan politique. — Plateau de Pamir.

N° 15. — Iran (carte physique et politique).

Cartons : Superficie comparée de la France, de la Perse, de l'Afghanistan, du Béloutchistan. — Arménie et pays du Caucase. — Carte économique de l'Iran. — Carte économique du Caucase.

N° 16. — Asie Mineure.

Cartons : Superficie comparée de l'Asie Mineure et de la France. — Carte géologique. — Carte économique. — Côte occidentale d'Asie Mineure. — Carte d'ensemble des possessions turques en Asie.

N° 17. — Mésopotamie. — Syrie. — Arabie.

Cartons: Carte géologique. — Carte économique. — Côte de Syrie et de Palestine. — Plan de Jérusalem. — Aden.

N° 18. — Inde (carte physique).

Cartons: Superficie comparée de l'Inde et de la France. — Carte géologique. — Carte climatérique. — Coupe de l'Himalaya. — Bombay.

N° 19. — Inde (carte politique).

Cartons: Carte économique. — Zones de végétation de l'Himalaya. — Calcutta.

N° 20. — Asie Centrale.

Cartons : Carte géologique. — Climat et productions. — Routes du Thibet.

N° 21. — Chine.

Cartons: Superficie comparée de la Chine et de la France. — Carte politique. — Carte économique. — Canton. — Ports ouverts aux étrangers.

N° 22. — Indo-Chine.

Cartons : Superficie comparée de l'Indo-Chine et de la France. — Carte géologique. — Carte politique et économique. — Iles Andaman et Nicobar.

N° 23. — Japon et Corée.

Cartons : Superficie comparée du Japon et de la France. — Carte géologique. — Carte économique. — Corée et Golfe de Petchili.

III. — OCÉANIE

N° 24. — Océanie (carte d'ensemble).

Cartons: Superficie comparée. — Lignes isothermes. — Nouvelle-Guinée. — Nouvelle-Zélande.

N° 25. — Australie.

Cartons: Carte géologique. — Carte politique. — Grandes zones de végétation et principales productions. — Sidney.

N° 26. — Indes néerlandaises. — Philippines.

Cartons : Carte géologique. — Carte économique et politique.

N° 27. — Polynésie.

Carton : Iles de la Société.

IV. — AFRIQUE

V. — AMÉRIQUE

NOTIONS DE COSMOGRAPHIE

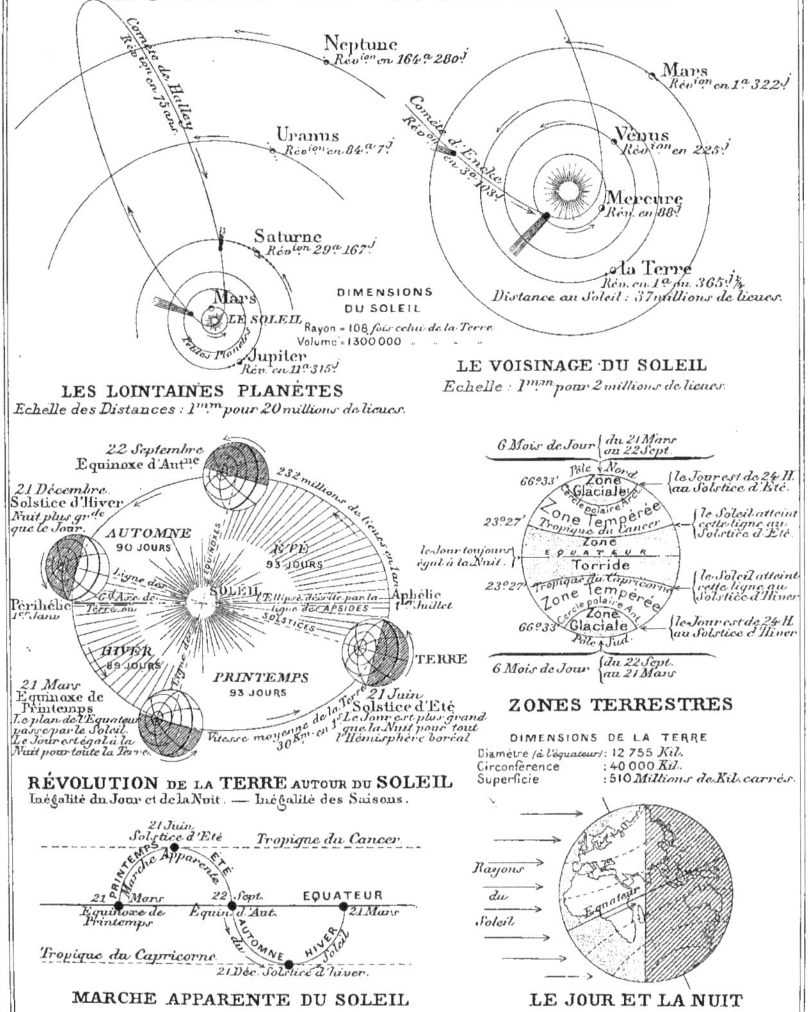

LES ÉCLIPSES

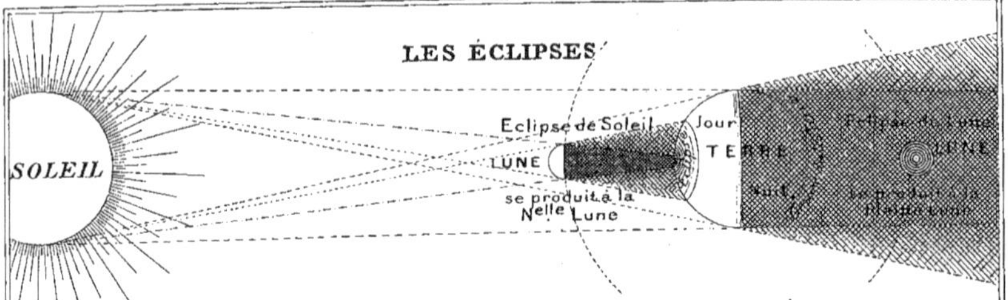

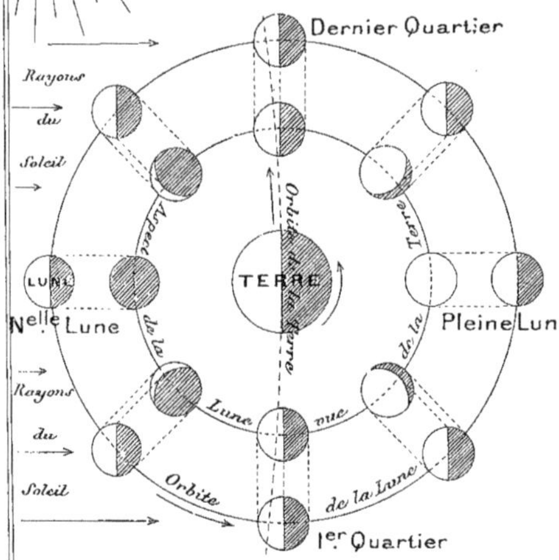

PHASES DE LA LUNE

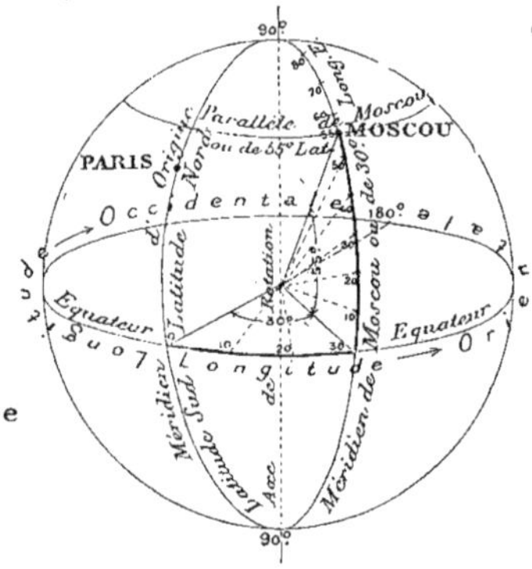

LONGITUDE ET LATITUDE

La position géographique d'un point sur le globe est déterminée par sa Longitude *et sa* Latitude.

*La longitude d'un point est l'*Arc d'équateur *compris entre le méridien de ce point et un autre méridien pris pour origine, celui de Paris, par exemple.*

Ex. longitude de Moscou = 30°.

La latitude d'un point est la distance qui sépare ce point de l'équateur; cette distance est comptée en degrés le long du méridien du point.

Ex. latitude de Moscou = 55°.

SPHÉRICITÉ DE LA TERRE

L'ombre de la Terre sur la Lune durant une Eclipse est circulaire.

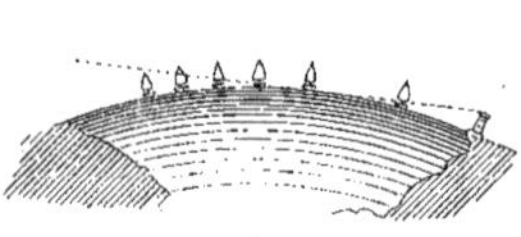

CONVEXITÉ DE LA TERRE

RAYON DE LA TERRE = 6370 Km.
" " " LUNE = 1742 Km.
RAYON DE L'ORBITE LUNAIRE { = 60 Rayons Terrest. / = 384.000 Km.

L'ARC D'UN DEGRÉ = 111 Kil. 111 m
LA LIEUE MARINE = 3 Minutes = 5555 m. 55
LE MILLE MARIN = 1 Minute = 1851 m. 85
LE NŒUD = ½ Seconde = 15 m. 43

ECHELLES

L'échelle d'une carte, c'est le rapport entre la distance de 2 points mesurée sur cette carte et la distance réelle de ces 2 points mesurée sur la Terre. —— Le rapport des surfaces s'obtient en élevant au carré le rapport des longueurs.

Soit une carte à l'échelle de $\frac{1}{2.000.000}$

Ceci veut dire qu'une longueur de 1 centimètre sur le papier correspond à une longueur de 2 millions de centimètres ou 20 Kilomètres sur le globe.

Et que par conséquent 1 centimètre carré sur la carte représente 2.000.000 × 2.000.000 = 400 Kil. carrés de la surface réelle.

SIEURIN, del. Masson et Cie, éditeurs.

LES MERS

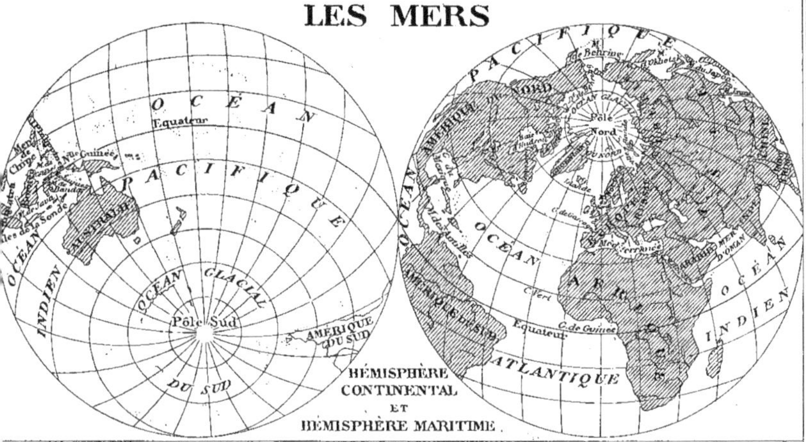

HÉMISPHÈRE CONTINENTAL ET HÉMISPHÈRE MARITIME.

PROFONDEURS DES MERS

COURANTS MARITIMES

SUPERFICIE OCCUPÉE PAR

la Mer 375 Millions de Kq } 510	
la Terre 135 . . .	
l'Océan Pacifique	175
l'Océan Atlantique	100
l'Océan Indien	75
l'Océan Glacial Antarct	20
l'Océan Glacial Arct.	10

PROFONDEURS MOYENNES

de la Mer	3.600 M.
du Pacifique	3.887 „
de l'Atlantique	3.680 „
de l'O. Indien	3.344 „
de l'O. Gl. Antarct.	3.300 „
de l'O. Gl. Arct.	1.500 „
de la Méditerranée	1.380 „

SALURE DES MERS

Lac Elton (Russie Mérle)	29,„ %
Lac Salé (États-Unis)	20,„ %
Mer Morte	20,„ %
Mer Rouge	3,98 %
Méditerranée	3,93 %
Mer Noire	1,90 %
Baltique	0,93 %
Entrée du G. de Finlande	0,69 %
Dans le Golfe	0,35 %
Golfe de Botbnie	0,26 %

SIEURIN, del. MASSON et Cie, éditeurs

MARCEL DUBOIS ET SIEURIN.

CARTE N° 4

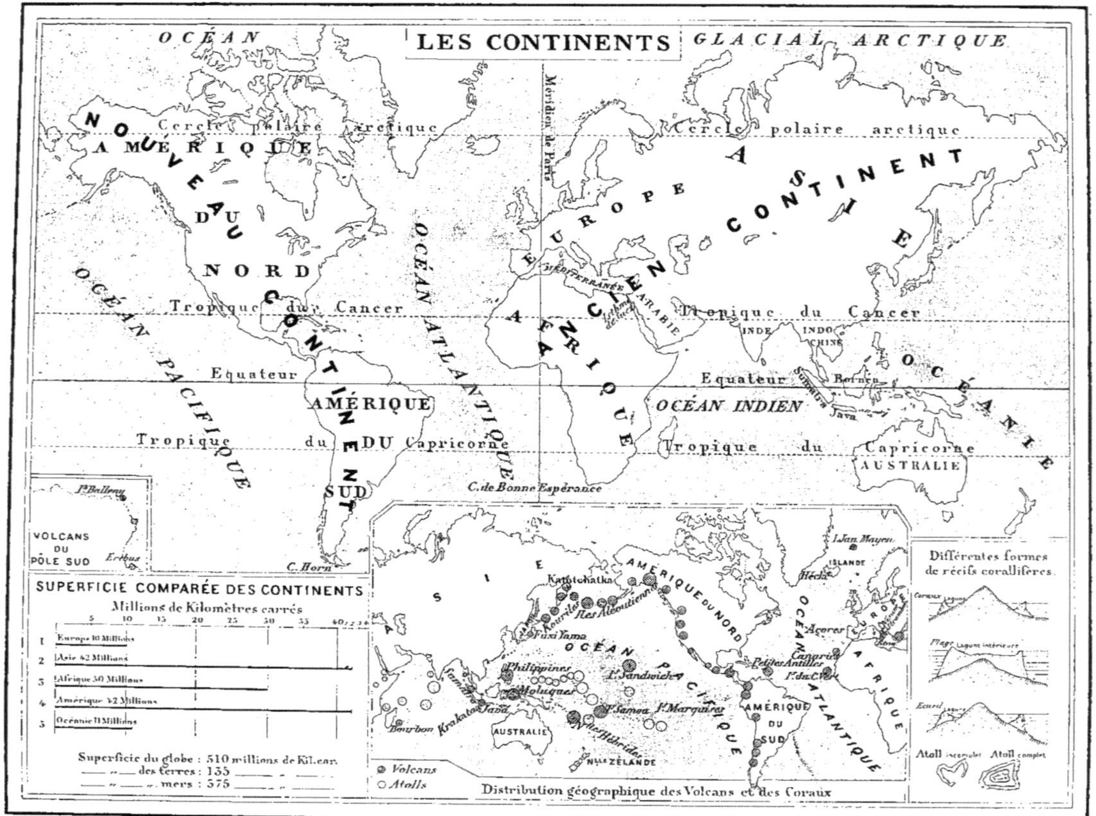

SIEURIN, del.

MASSON et Cie, éditeurs.

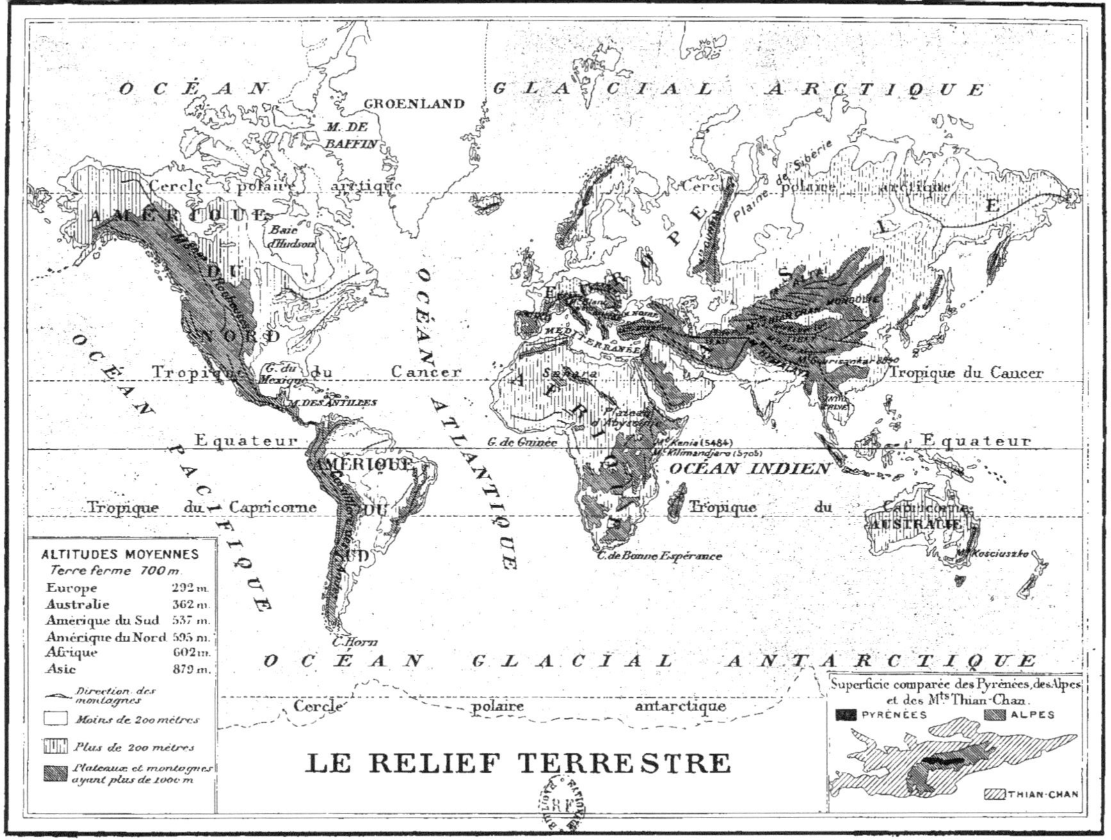

SIEURIN, del.

MASSON et Cie, éditeurs.

LES EAUX COURANTES ET LES LACS

Longueur comparée de quelques grands fleuves

Mississipi-Missouri	6.600 Kil.	Hoang-hô	4.000 Kil.
Nil	6.000 —	Brahmapoutra	3.900 —
Amazone	5.700 —	Saint-Laurent	3.800 —
Yang-tsé-Kiang	5.200 —	Mackensie	3.700 —
Iénisséi	4.800 —	Zambèze	3.500 —
Congo	4.600 —	Mékong	3.500 —
Amour	4.400 —	Volga	3.500 —
Obi	4.300 —	Gange	3.100 —
Léna	4.200 —	(Seine	776 —)
Niger	4.160 —		

Superficie comparée de quelques grands lacs

Caspienne	440.000 K. car.	Nyassa	35.000 K. car.
Supérieur	88.000 —	Baïkal	35.000 —
Victoria	83.000 —	Tchad	34.000 —
Aral	66.000 —	Tanganyika	31.000 —
Huron	64.000 —	Érié	25.000 —
Michigan	60.000 —	Bangouéolo	21.000 —

Débit moyen de quelques fleuves

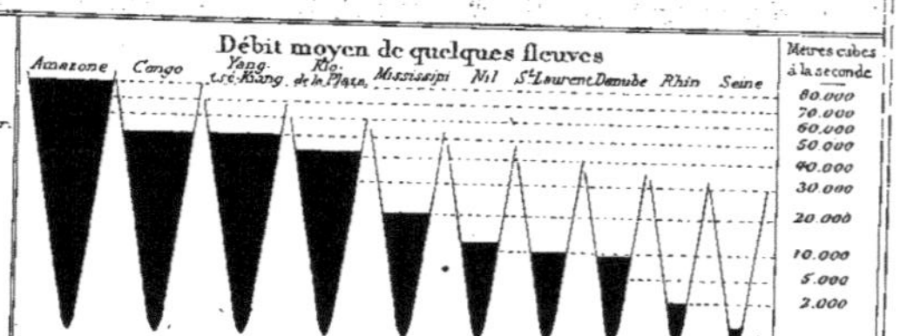

SIEURIN, del.

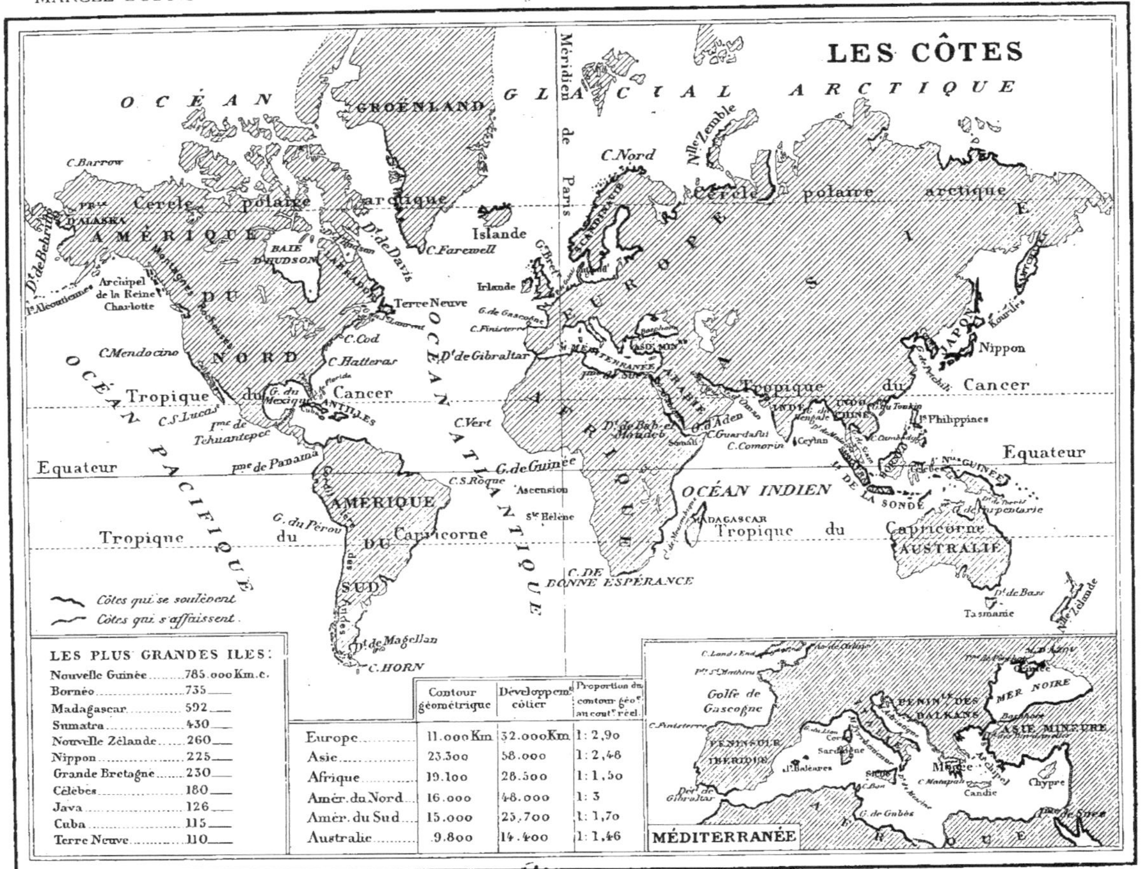

LES PLUS GRANDES ILES :

Nouvelle Guinée	785.000 Km. c.
Bornéo	735
Madagascar	592
Sumatra	430
Nouvelle Zélande	260
Nippon	225
Grande Bretagne	230
Célèbes	180
Java	126
Cuba	115
Terre Neuve	110

	Contour géométrique	Développemt côtier	Proportion du contour géoe au contt réel
Europe	11.000 Km	32.000 Km	1 : 2,90
Asie	23.300	58.000	1 : 2,48
Afrique	19.100	28.500	1 : 1,50
Amér. du Nord	16.000	48.000	1 : 3
Amér. du Sud	15.000	25.700	1 : 1,70
Australie	9.800	14.400	1 : 1,46

SIEURIN, del. MASSON et Cie, éditeurs.

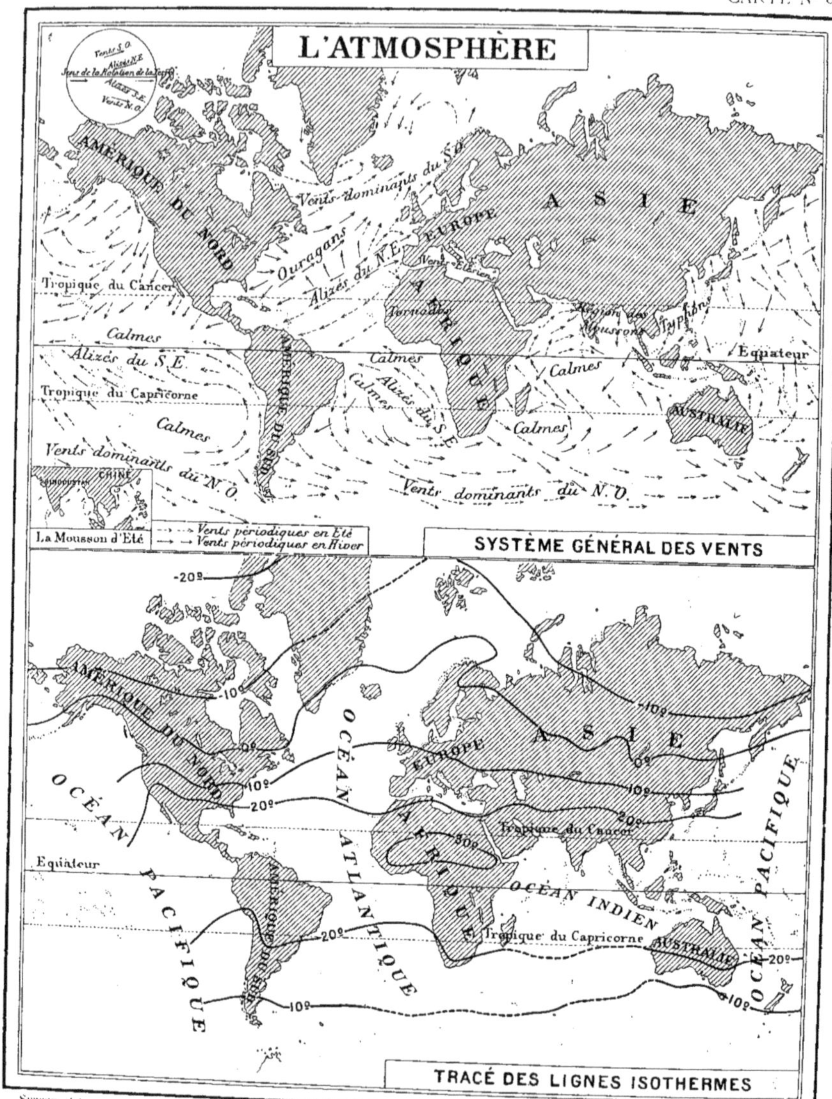

SIEURIN, del.

MASSON et Cie, éditeurs.

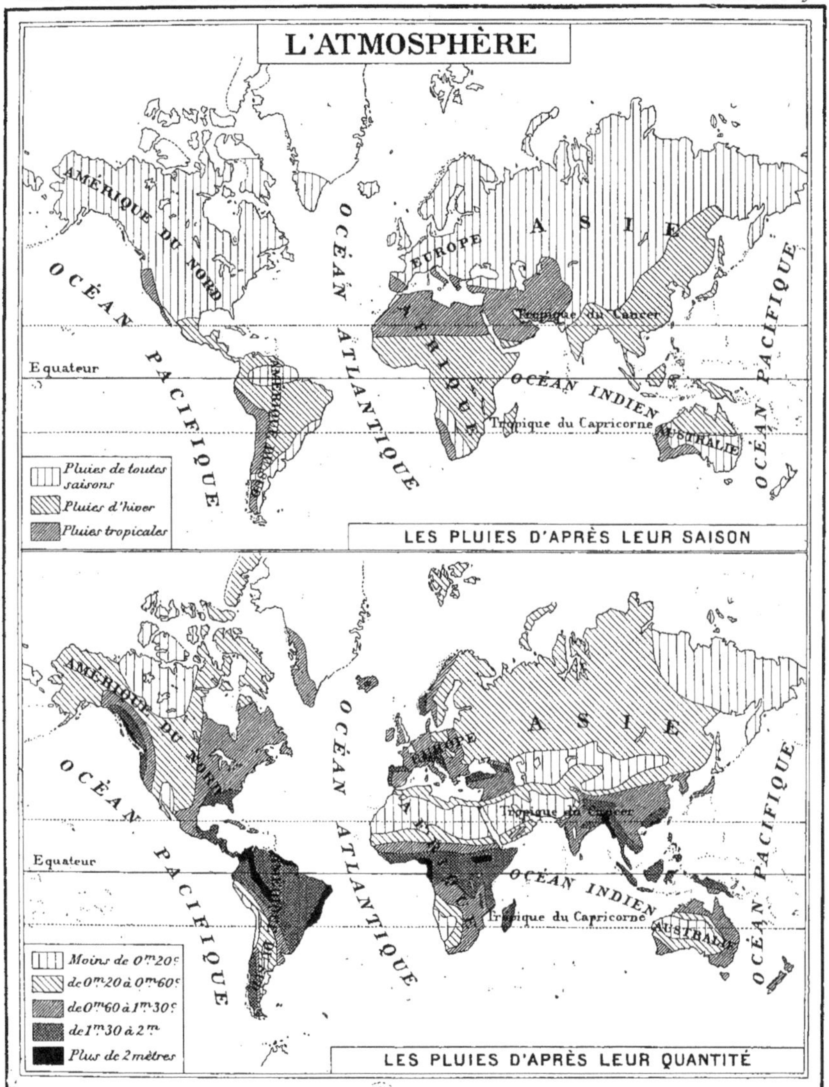

SIEURIN, del. MASSON et Cie, éditeurs.

PRINCIPALES PRODUCTIONS DU GLOBE

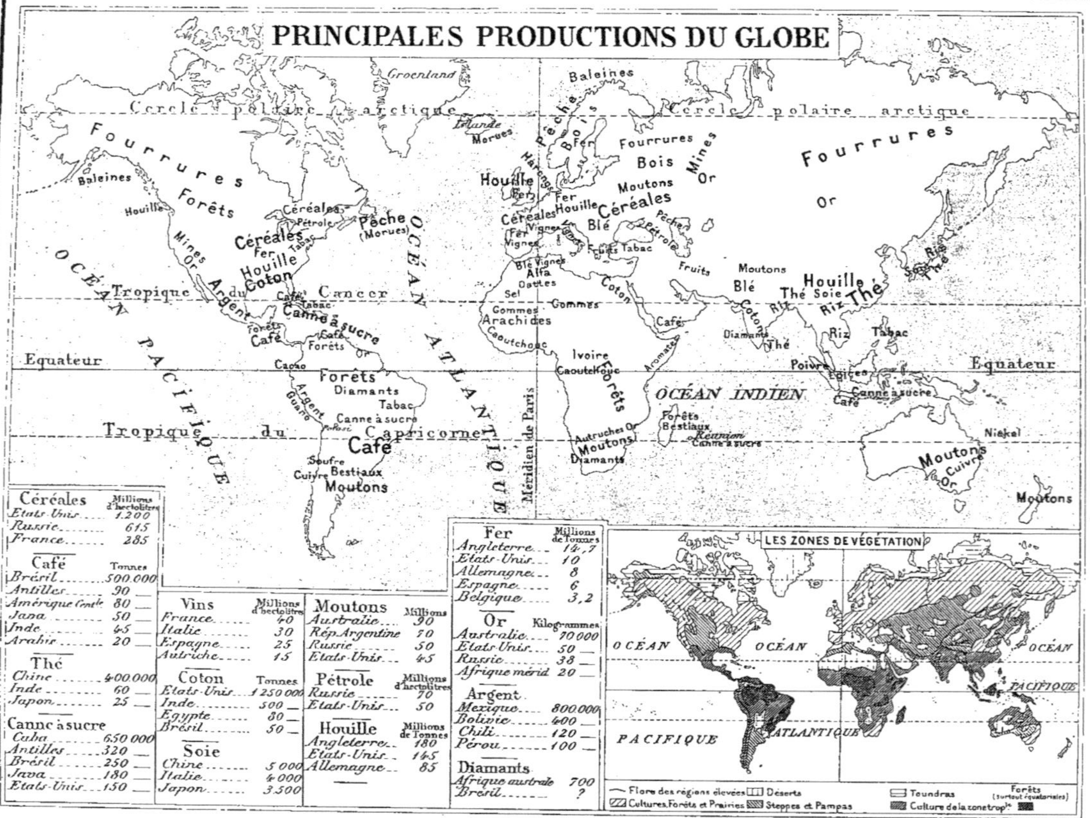

Céréales	Millions d'hectolitres
Etats-Unis	1.200
Russie	615
France	285

Café	Tonnes
Brésil	500.000
Antilles	90 —
Amérique Centle	80 —
Java	50 —
Inde	45 —
Arabie	20 —

Thé	
Chine	400.000
Inde	60 —
Japon	25 —

Canne à sucre	
Cuba	650 000
Antilles	320 —
Brésil	250 —
Java	180 —
Etats-Unis	150 —

Vins	Millions d'hectolitres
France	40
Italie	30
Espagne	25
Autriche	15

Coton	Tonnes
Etats-Unis	1 250 000
Inde	500 —
Egypte	80 —
Brésil	50 —

Soie	
Chine	5 000
Italie	4 000
Japon	3.500

Moutons	Millions
Australie	90
Rép. Argentine	70
Russie	50
Etats-Unis	45

Pétrole	Millions d'hectolitres
Russie	70
Etats-Unis	50

Houille	Millions de Tonnes
Angleterre	180
Etats-Unis	145
Allemagne	85

Fer	Millions de Tonnes
Angleterre	14,7
Etats-Unis	10
Allemagne	8
Espagne	6
Belgique	3,2

Or	Kilogrammes
Australie	70 000
Etats-Unis	50 —
Russie	38 —
Afrique mérid.	20 —

Argent	
Mexique	800.000
Bolivie	400 —
Chili	120 —
Pérou	100 —

Diamants	
Afrique australe	700
Brésil	?

SIEURIN, del.

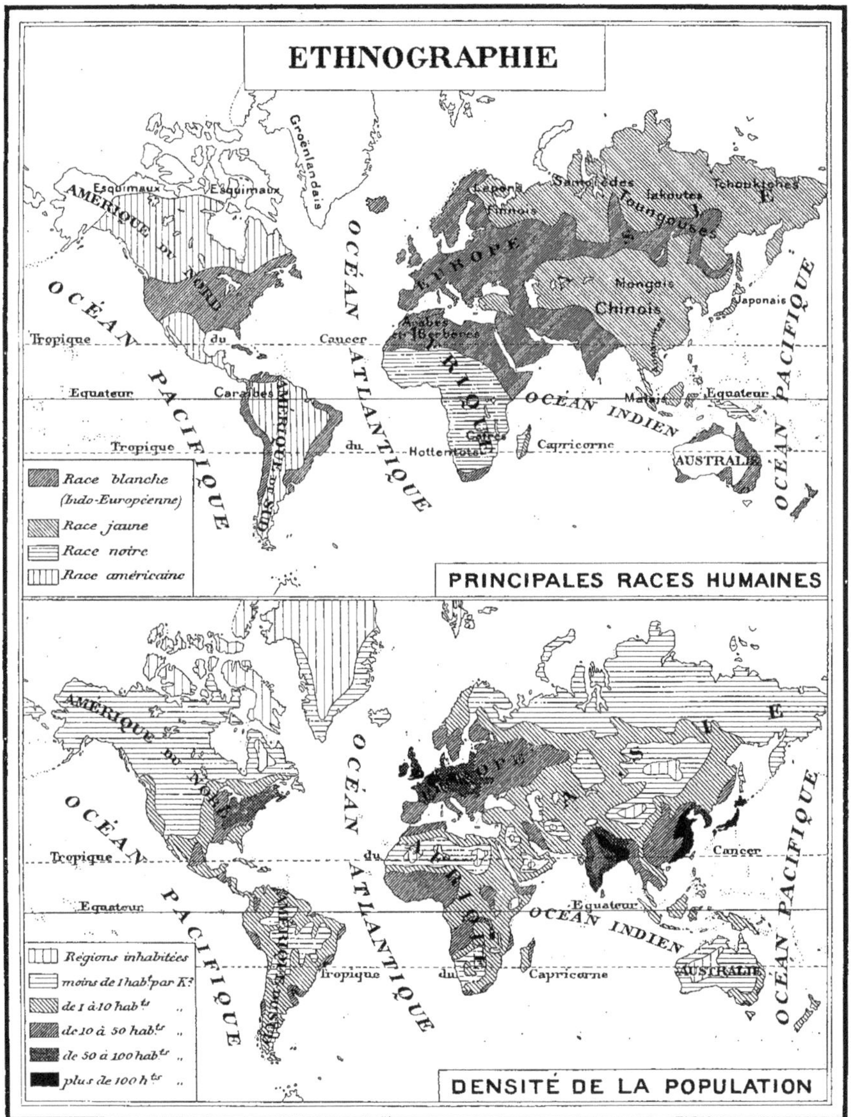
ETHNOGRAPHIE
PRINCIPALES RACES HUMAINES
Race blanche (Indo-Européenne)
Race jaune
Race noire
Race américaine
Esquimaux
Groënlandais
Lapons
Finnois
Samoïèdes
Iakoutes
Toungouses
Tchouktches
Mongols
Chinois
Japonais
Arabes et Berbères
Cafres
Hottentots
Malais
Caraïbes
AMÉRIQUE DU NORD
AMÉRIQUE DU SUD
EUROPE
AFRIQUE
AUSTRALIE
OCÉAN PACIFIQUE
OCÉAN ATLANTIQUE
OCÉAN INDIEN
Tropique du Cancer
Equateur
Tropique du Capricorne
DENSITÉ DE LA POPULATION
Régions inhabitées
moins de 1 habt par K.²
de 1 à 10 habts
de 10 à 50 habts
de 50 à 100 habts
plus de 100 hts

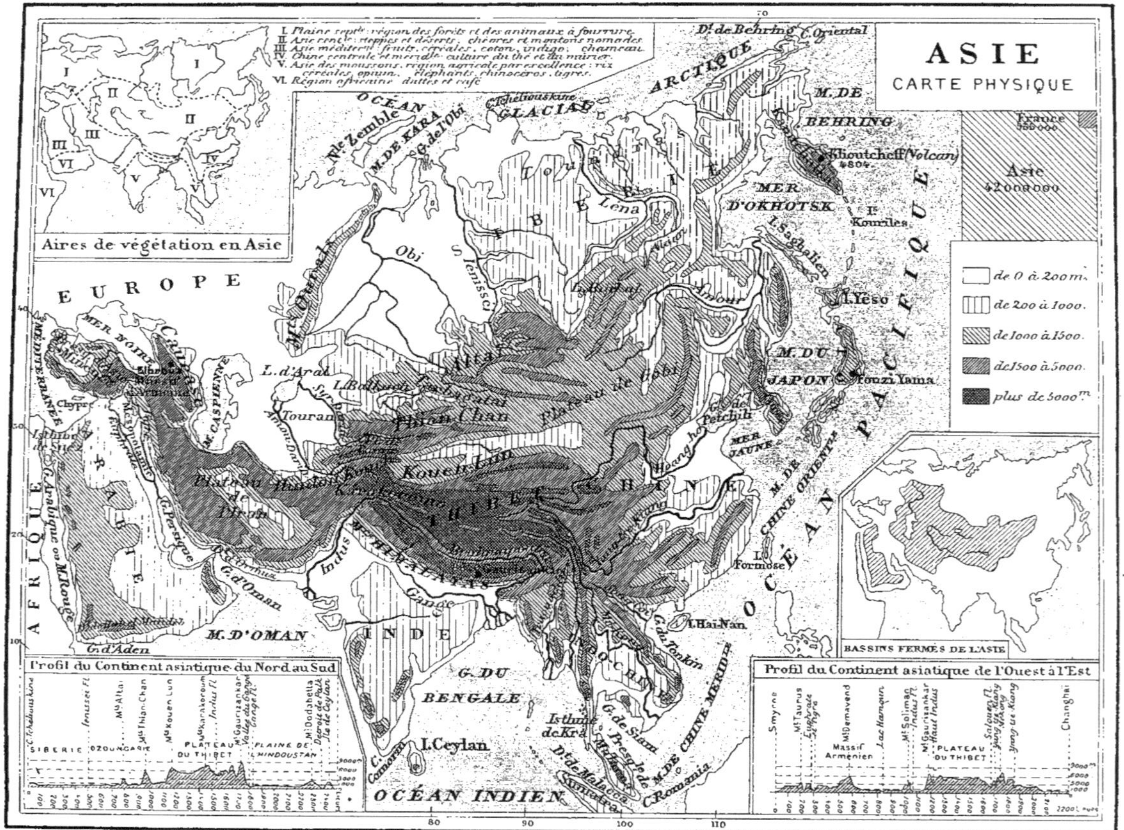
ASIE
CARTE PHYSIQUE
France
Asie
42000000
de 0 à 200m.
de 200 à 1000.
de 1000 à 1500.
de 1500 à 5000.
plus de 5000m.
Aires de végétation en Asie
I. Plaine septle: région des forêts et des animaux à fourrure.
II. Asie centrle: steppes et déserts: chèvres et moutons nomades.
III. Asie méditerrle: fruits, céréales, coton, indigo, chameau.
IV. Chine centrale et mérid.le: culture du thé et du mûrier.
V. Asie des moussons, région agricole par excellence: riz céréales, opium, éléphants, rhinocéros, tigres.
VI. Région africaine: dattes et café
EUROPE
AFRIQUE
OCÉAN GLACIAL ARCTIQUE
OCÉAN PACIFIQUE
OCÉAN INDIEN
MER NOIRE
M. CASPIENNE
L. d'Aral
M. D'OMAN
G. DU BENGALE
MER D'OKHOTSK
M. DE BEHRING
M. DU JAPON
MER JAUNE
I. Ceylan
I. Formose
I. Hai-Nan
I. Yeso
I. Saghalien
Obi
Ienisséi
Lena
Amour
Indus
Gange
INDE
CHINE
THIBET
ARABIE
BASSINS FERMÉS DE L'ASIE
Profil du Continent asiatique du Nord au Sud
Profil du Continent asiatique de l'Ouest à l'Est

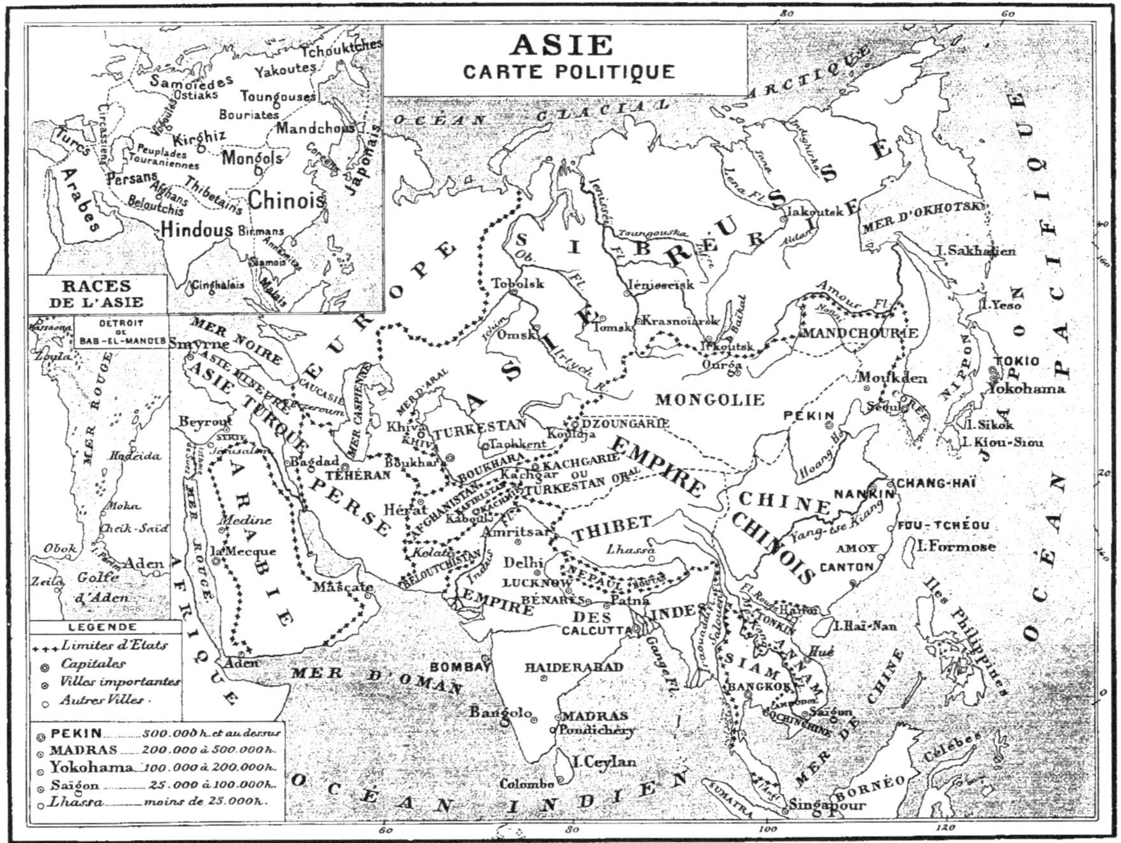

SIEURIN, del. MASSON et Cie, éditeurs.

MARCEL DUBOIS ET SIEURIN. CARTE N° 14

SIEURIN, del. MASSON et Cie, éditeurs.

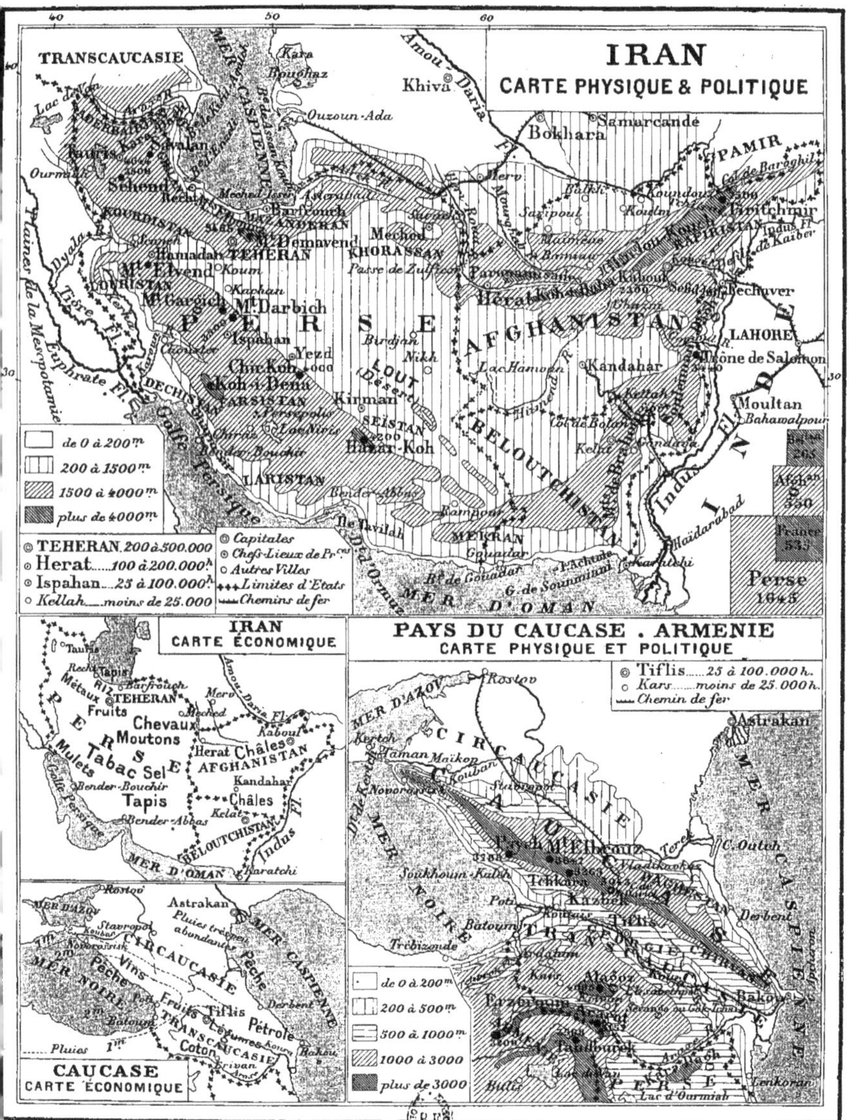
IRAN
CARTE PHYSIQUE & POLITIQUE
TRANSCAUCASIE
MER CASPIENNE
PERSE
AFGHANISTAN
BELOUTCHISTAN
PAMIR
KHORASSAN
TEHERAN
Ispahan
Herat
Kandahar
Kirman
Yezd
LAHORE
Moultan
Golfe Persique
MER D'OMAN
de 0 à 200m
200 à 1500m
1500 à 4000m
plus de 4000m
TEHERAN 200 à 500.000
Herat 100 à 200.000h
Ispahan 25 à 100.000h
Kellah moins de 25.000
Capitales
Chefs-Lieux de Prces
Autres Villes
Limites d'Etats
Chemins de fer
Perse 1645
IRAN
CARTE ÉCONOMIQUE
Chevaux
Moutons
Tabac
Sel
Tapis
Châles
Fruits
PAYS DU CAUCASE . ARMENIE
CARTE PHYSIQUE ET POLITIQUE
Tiflis 25 à 100.000 h.
Kars moins de 25.000 h.
Chemin de fer
MER NOIRE
CIRCAUCASIE
de 0 à 200m
200 à 500m
500 à 1000m
1000 à 3000
plus de 3000
CAUCASE
CARTE ÉCONOMIQUE
Pêche
Vins
Fruits
Pétrole
Coton

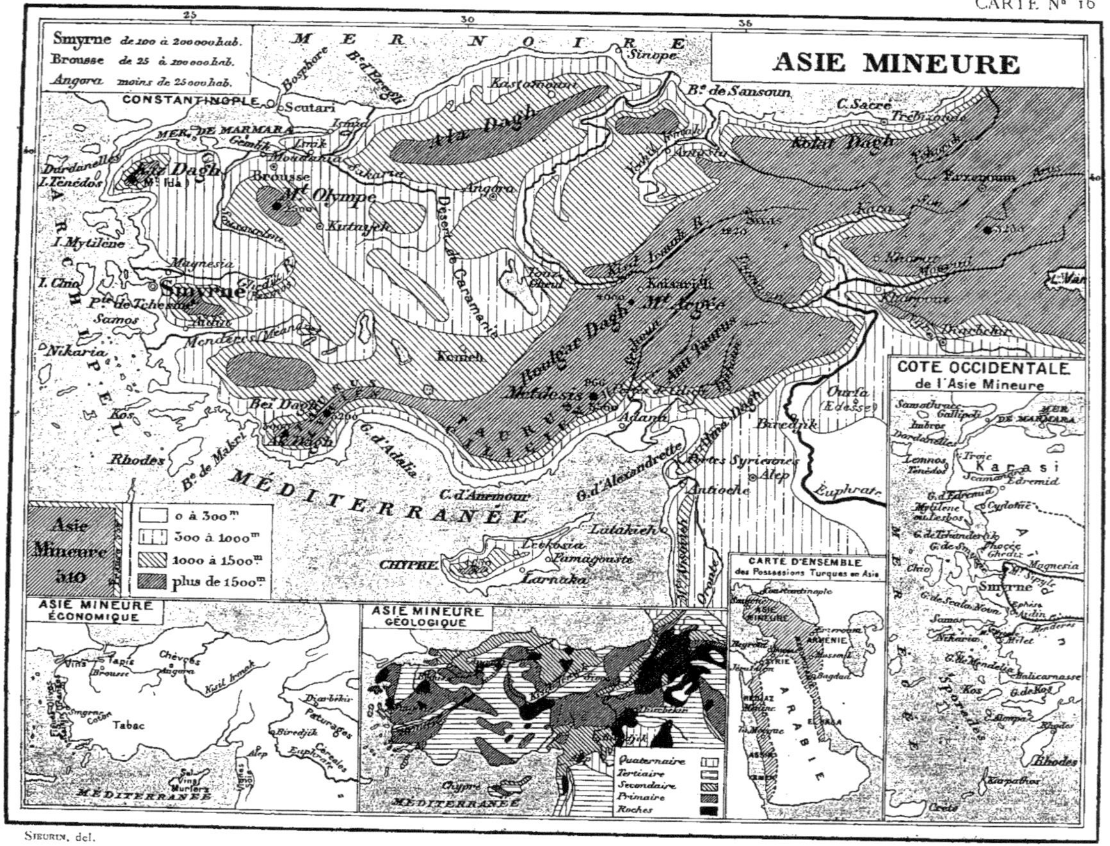
ASIE MINEURE
Smyrne de 100 à 200000 hab.
Brousse de 25 à 100000 hab.
Angora moins de 25000 hab.
MER NOIRE
CONSTANTINOPLE
Scutari
Bosphore
Bᵉ d'Erégli
Sinope
Bᵉ de Sansoun
C. Sacré
Trébizonde
Kastamouni
Ala Dagh
Kolat Dagh
Erzeroum
MER DE MARMARA
Dardanelles
I. Ténédos
Kaz Dagh
Brousse
Mᵗ Olympe
Kutayeh
Angora
Désert de Caramanie
I. Mytilène
Magnesia
I. Chio
Smyrne
Samos
Nikaria
Kos
Rhodes
Konieh
Kaisarieh
Mᵗ Argée
Boulgar Dagh
Anti Taurus
Metdesis
Adana
Taurus
Bei Dagh
G. d'Adalia
Bᵉ de Makri
MÉDITERRANÉE
C. d'Anamour
G. d'Alexandrette
Portes Syriennes
Alep
Antioche
Oronte
Latakieh
Lefkosia
Famagouste
Larnaka
CHYPRE
Ourfa (Edesse)
Biredjik
Euphrate
Sivas
L. Van
Asie Mineure 510
o à 300ᵐ
300 à 1000ᵐ
1000 à 1500ᵐ
plus de 1500ᵐ
ASIE MINEURE ÉCONOMIQUE
Vins
Tapis
Brousse
Chèvres
Angora
Tabac
Diarbékir
Pâturages
Biredjik
Céréales
Euphrate
Alep
MÉDITERRANÉE
ASIE MINEURE GÉOLOGIQUE
Quaternaire
Tertiaire
Secondaire
Primaire
Roches
Chypre
MÉDITERRANÉE
CARTE D'ENSEMBLE des Possessions Turques en Asie
Constantinople
ASIE MINEURE
ARMÉNIE
SYRIE
Bagdad
ARABIE
COTE OCCIDENTALE de l'Asie Mineure
Samothrace
Gallipoli
MER DE MARMARA
Imbros
Dardanelles
Lemnos
Ténédos
Troie
Karasi
Edremid
Mytilène ou Lesbos
Phocée
Magnesia
Chio
Smyrne
Samos
Nikaria
Milet
Halicarnasse
Kos
Sporades
Rhodes
Karpathos
Crète

MARCEL DUBOIS ET SIEURIN. CARTE N° 17

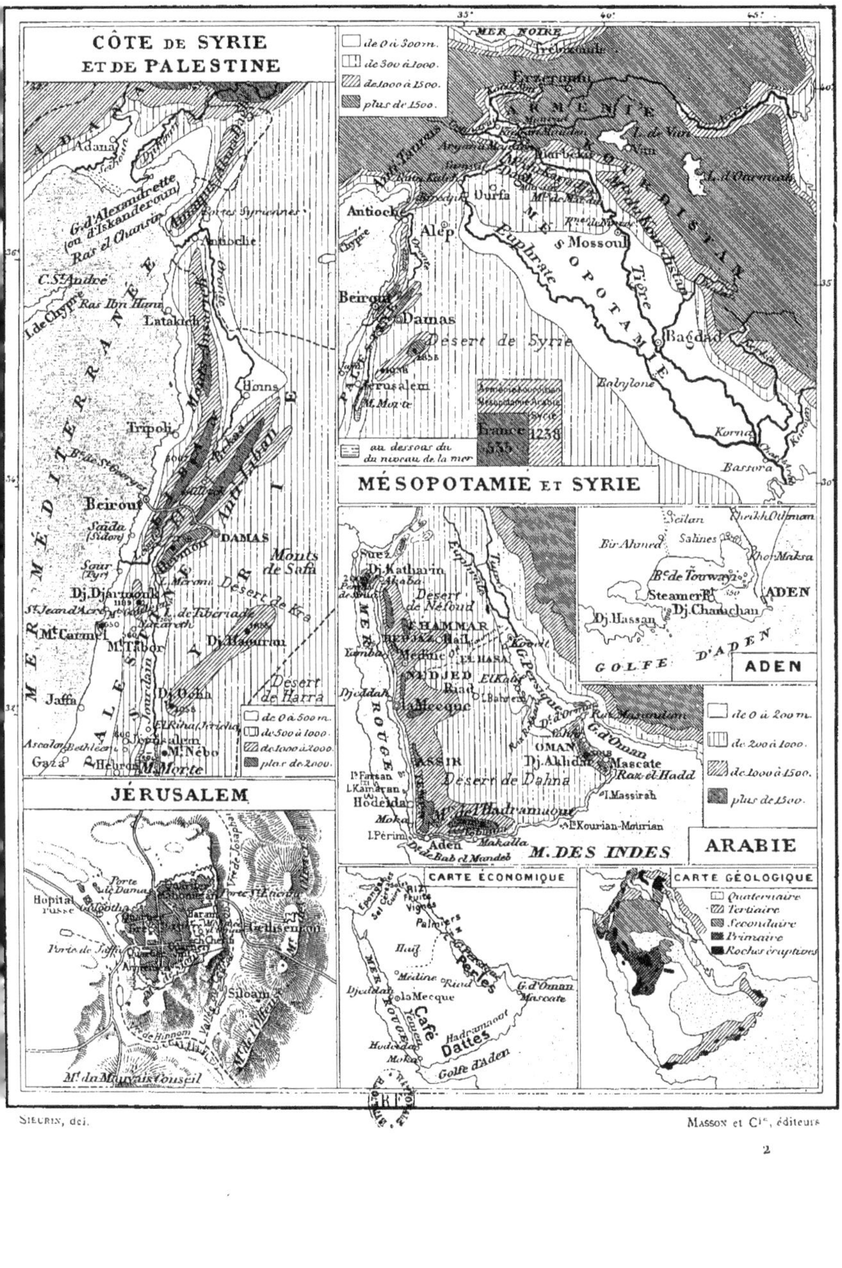

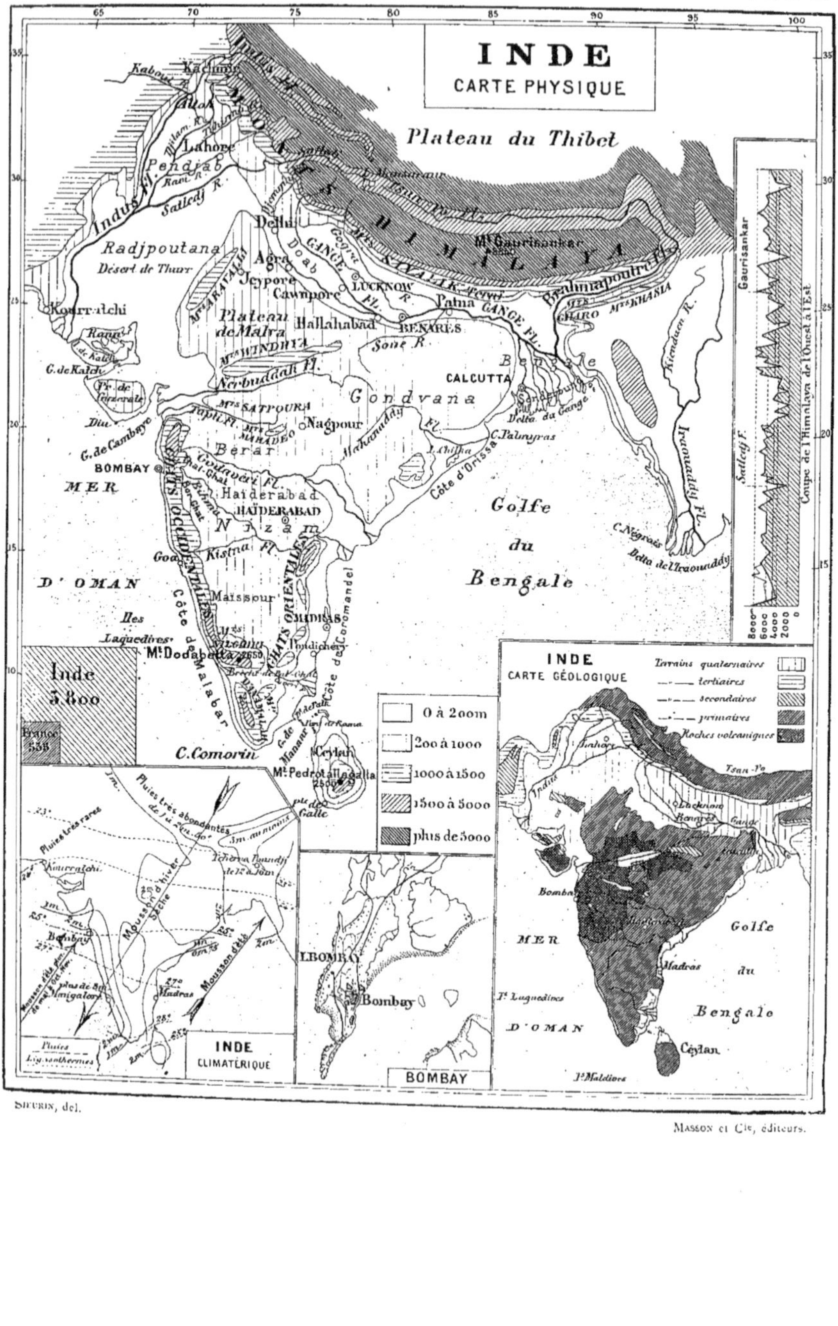
INDE
CARTE PHYSIQUE
Plateau du Thibet
HIMALAYA
Mt Gaurisankar
Radjpoutana
Désert de Thurr
Plateau de Malva
Gondvana
Nizam
Bérar
Golfe du Bengale
MER D'OMAN
Iles Laquedives
Mt Dodabetta
C. Comorin
Ceylan
Mt Pedrotallagalla
Delhi
Agra
Jeypore
Cawnpore
LUCKNOW
BENARES
Patna
CALCUTTA
Nagpour
BOMBAY
Haiderabad
HAÏDERABAD
MADRAS
Pondichéry
Maïssour
Goa
Kourratchi
Lahore
Pendjab
Kachmir
Indus Fl.
Gange Fl.
Brahmapoutre Fl.
Iraouaddy Fl.
Nerbuddah Fl.
Godavery Fl.
Kistna Fl.
Mahanaddy Fl.
Sone R.
Satledj R.
Mts ARAVALLI
Mts WINDHYA
Mts SATPOURA
GHATS OCCIDENTALES
GHATS ORIENTALES
Côte de Malabar
Côte de Coromandel
Côte d'Orissa
Delta du Gange
C. Palmyras
C. Negrais
Delta de l'Iraouaddy
G. de Cambaye
G. de Katch
G. de Manaar
Pte de Galle
Bengale
Coupe de l'Himalaya de l'Ouest à l'Est
Gaurisankar
Satledj F.
8000
6000
4000
2000
0
Inde 3.800
France 538
0 à 200m
200 à 1000
1000 à 1500
1500 à 5000
plus de 5000
INDE
CARTE GÉOLOGIQUE
Terrains quaternaires
tertiaires
secondaires
primaires
Roches volcaniques
Lahore
Lucknow
Benarès
Gange
Bombay
Madras
Ceylan
MER D'OMAN
Golfe du Bengale
Is Laquedives
Is Maldives
Tsan-Po
INDE
CLIMATÉRIQUE
Pluies
Lig. isothermes
Mousson d'hiver Sèche
Mousson d'été
Pluies très abondantes
Pluies très rares
Kourratchi
Bombay
Madras
BOMBAY
Bombay

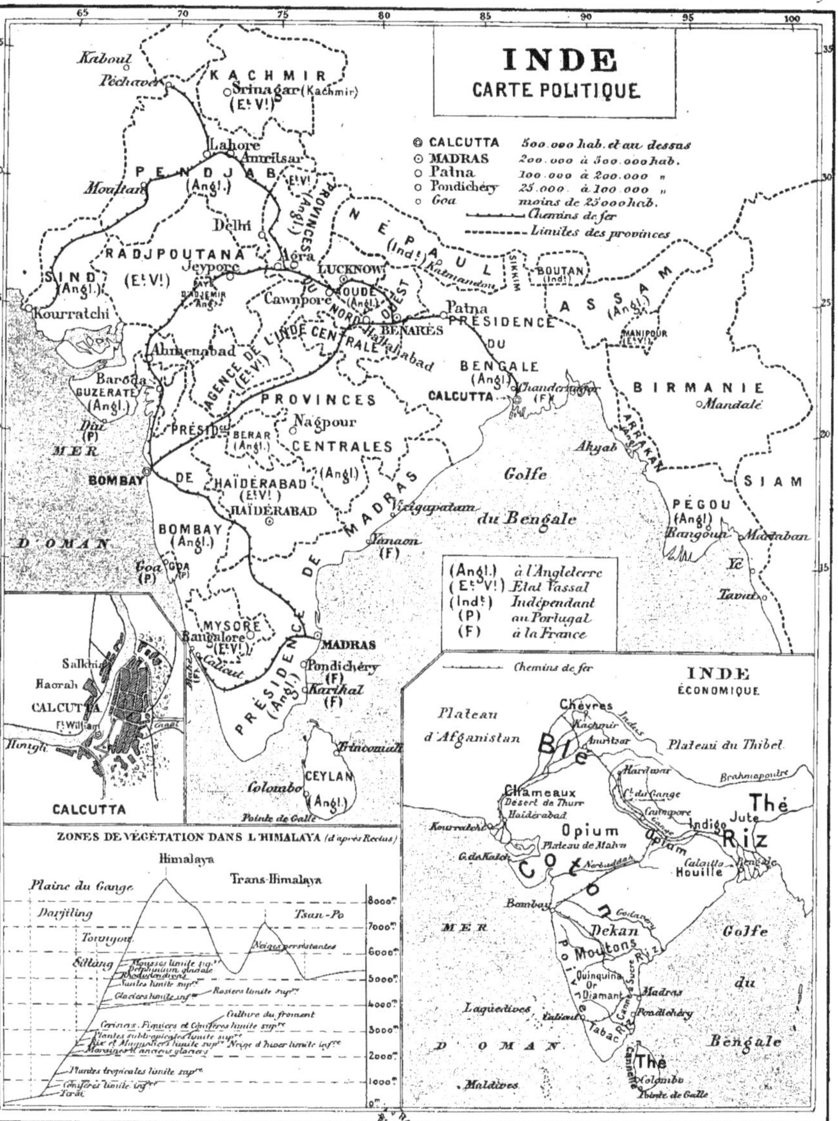

SIEURIN, del.

MASSON et Cie, éditeurs.

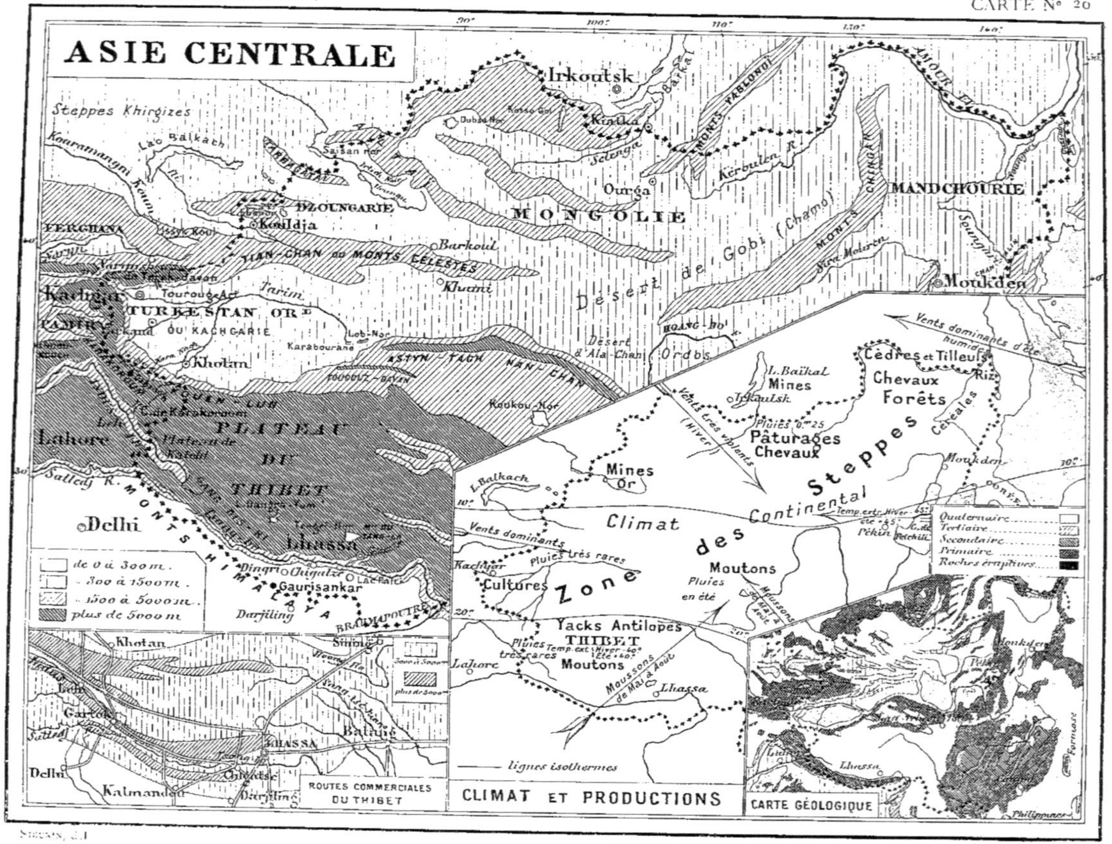
ASIE CENTRALE
Steppes Khirgizes
Irkoutsk
Kiatka
Selenga
Ourga
MONGOLIE
MANDCHOURIE
Moukden
Kouldja
DZOUNGARIE
TIAN-CHAN ou MONTS CÉLESTES
Barkoul
Khami
Désert de Gobi (Chamo)
TURKESTAN OR
Kachgar
Tarim
Lob-Nor
Khotan
Karabourane
ASTYN TAGH NAN CHAN
Koukou-Nor
PLATEAU DU THIBET
Lahore
Delhi
Lhassa
MONTS HIMALAYA
Gaurisankar
Darjiling
BRAHMAPOUTRE
de 0 à 300 m.
300 à 1500 m.
1500 à 5000 m.
plus de 5000 m
Khotan
Gartok
Delhi
Katmandou
LHASSA
Batang
ROUTES COMMERCIALES DU THIBET
Vents dominants d'été humides
Cèdres et Tilleuls
Chevaux
Forêts
Riz
Céréales
L. Baïkal
Mines
Irkoutsk
Pluies 0m25
Pâturages
Chevaux
Vents très violents (Hiver)
Mines Or
L. Balkach
Steppes
Continental
Climat des
Zone
Moutons
Pluies en été
Vents dominants
Pluies très rares
Cultures
Yacks Antilopes
THIBET
Moutons
Moussons de Mai à Août
Lhassa
lignes isothermes
CLIMAT ET PRODUCTIONS
Quaternaire
Tertiaire
Secondaire
Primaire
Roches éruptives
Lhassa
Formose
Philippines
CARTE GÉOLOGIQUE

SIEURIN, del. MASSON et Cie, éditeurs.

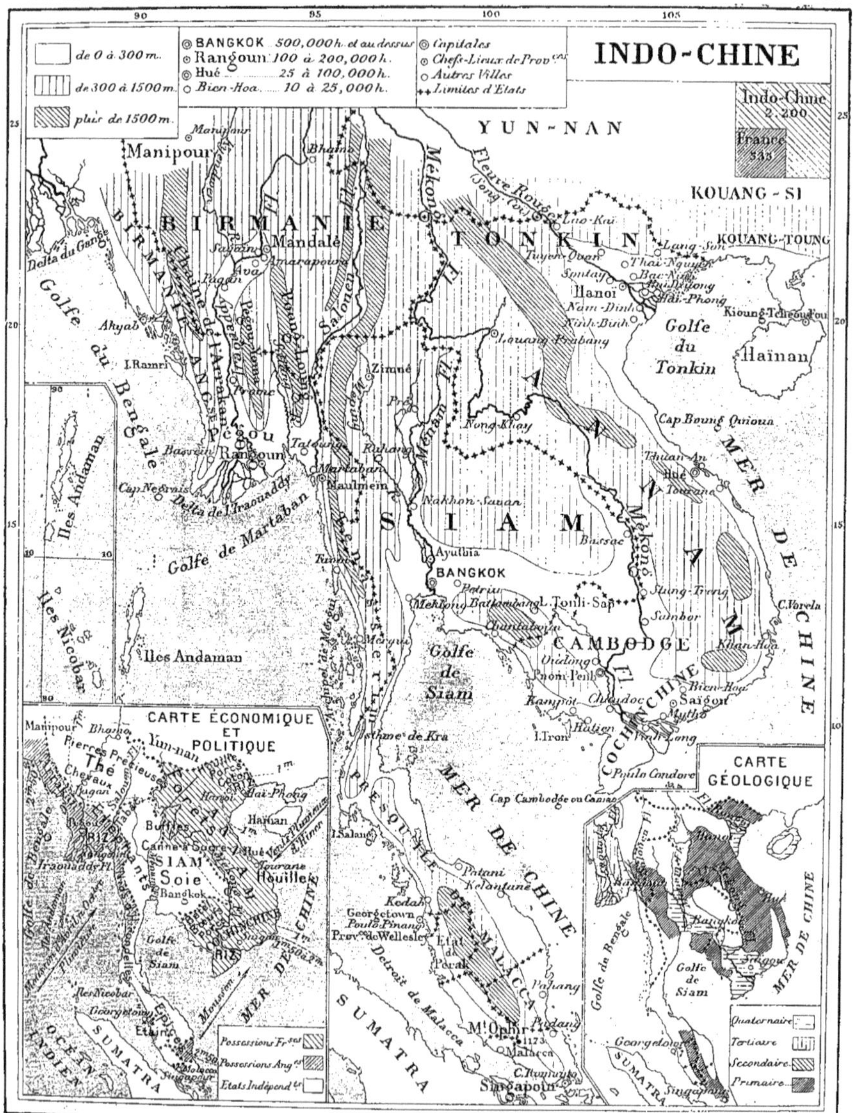

SIEURIN, del. MASSON et Cie, éditeurs.

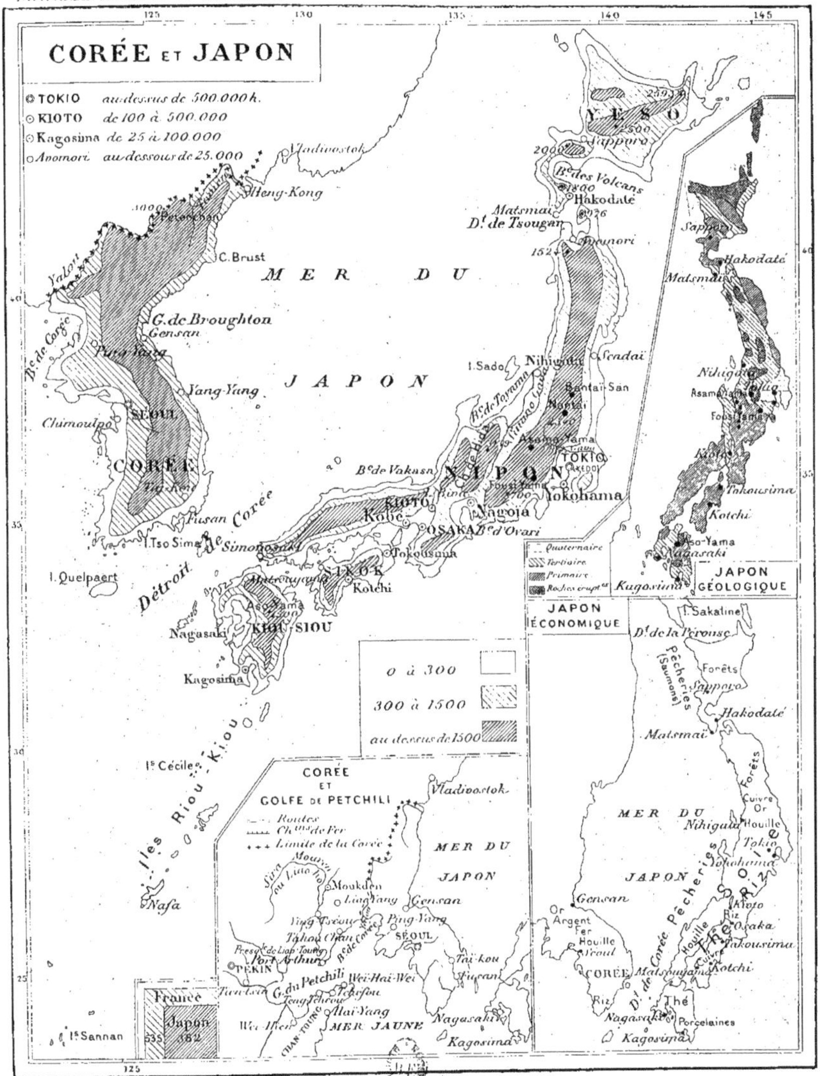

Sieurin, del. Masson et Cie, éditeurs.

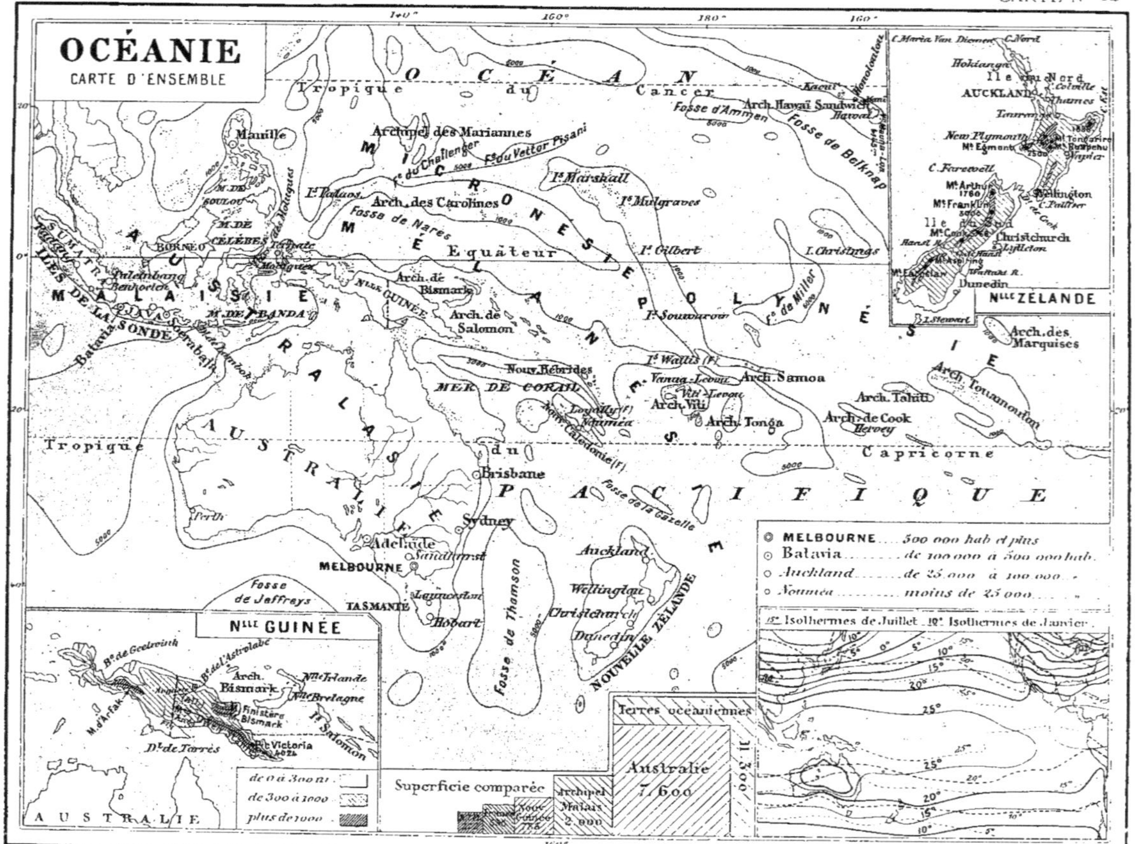
OCÉANIE
CARTE D'ENSEMBLE
OCÉAN PACIFIQUE
MICRONÉSIE
MÉLANÉSIE
POLYNÉSIE
AUSTRALASIE
MALAISIE
AUSTRALIE
Tropique du Cancer
Équateur
Tropique du Capricorne
Archipel des Mariannes
Arch. des Carolines
Fosse de Nares
Is Marshall
Is Gilbert
Arch. Hawaï Sandwich
Fosse de Belknap
Arch. de Bismarck
Arch. de Salomon
Nouv. Hébrides
MER DE CORAIL
Arch. Samoa
Arch. Tonga
Arch. Tahiti
Arch. de Cook
Arch. des Marquises
Manille
BORNÉO
CÉLÈBES
ILES DE LA SONDE
M. DE BANDA
Batavia
Brisbane
Sydney
Adélaïde
MELBOURNE
Perth
TASMANIE
Hobart
Fosse de Thamson
Fosse de la Gazelle
Fosse de Jeffreys
NOUVELLE ZÉLANDE
Auckland
Wellington
Christchurch
Dunedin
Nlle ZÉLANDE
Ile du Nord
Ile du Sud
Nlle GUINÉE
Arch. Bismarck
Nlle Irlande
Nlle Bretagne
de 0 à 300 m
de 300 à 1000
plus de 1000
MELBOURNE 500 000 hab et plus
Batavia de 100 000 à 500 000 hab.
Auckland de 25 000 à 100 000
Nouméa moins de 25 000
15° Isothermes de Juillet 10° Isothermes de Janvier
Superficie comparée
Terres océaniennes 11 300
Australie 7 600
Archipel Malais 2 000

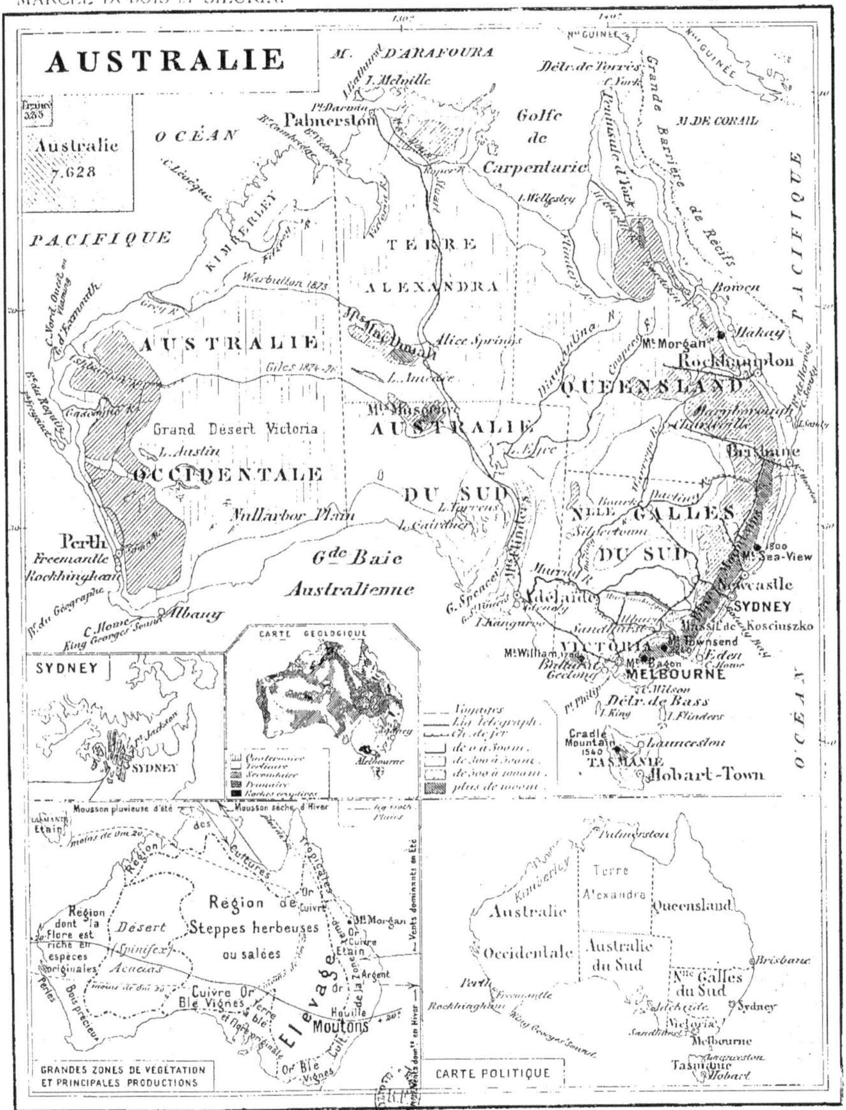
AUSTRALIE
France 535
Australie 7.628
OCÉAN PACIFIQUE
M. D'ARAFOURA
I. Melville
Palmerston
Golfe de Carpentarie
Détr. de Torrès
C. York
M. DE CORAIL
Grande Barrière de Récifs
PACIFIQUE
KIMBERLEY
TERRE ALEXANDRA
Alice Springs
AUSTRALIE OCCIDENTALE
Grand Désert Victoria
L. Austin
Nullarbor Plain
QUEENSLAND
Rockhampton
Bowen
Mackay
Mt Morgan
Brisbane
AUSTRALIE DU SUD
L. Eyre
L. Torrens
L. Gairdner
NLLE GALLES DU SUD
Bourke
Silvertown
Perth
Fremantle
Rockhingham
Albany
King Georges Sound
Gde Baie Australienne
G. Spencer
Adelaïde
I. Kangurou
VICTORIA
Ballarat
Geelong
MELBOURNE
Newcastle
SYDNEY
Massif de Kosciuszko
Mt Townsend
Mt Sea-View
Eden
Détr. de Bass
I. King
I. Flinders
Launceston
Cradle Mountain 1540
TASMANIE
Hobart-Town
OCÉAN
SYDNEY
Pt Jackson
CARTE GÉOLOGIQUE
Quaternaire
Tertiaire
Secondaire
Primaire
Roches éruptives
Voyages
Lig. télégraph.
Ch. de fer
de 0 à 300 m.
de 300 à 500 m.
de 500 à 1000 m.
plus de 1000 m.
Mousson pluvieuse d'été
Mousson sèche d'Hiver
Région des Cultures
Région de Steppes herbeuses ou salées
Région dont la Flore est riche en espèces originales
Désert (Spinifex) Acacias
Bois précieux
Perles
Cuivre Or
Blé Vignes
Élevage
Moutons
Houille
Argent
Étain
Vents dominants en Été
Vents dominants en Hiver
GRANDES ZONES DE VÉGÉTATION ET PRINCIPALES PRODUCTIONS
Palmerston
Kimberley
Terre Alexandra
Queensland
Australie Occidentale
Australie du Sud
Nlle Galles du Sud
Brisbane
Perth
Fremantle
Rockhingham
King Georges Sound
Adélaïde
Sydney
Victoria
Sandhurst
Melbourne
Launceston
Tasmanie
Hobart
CARTE POLITIQUE

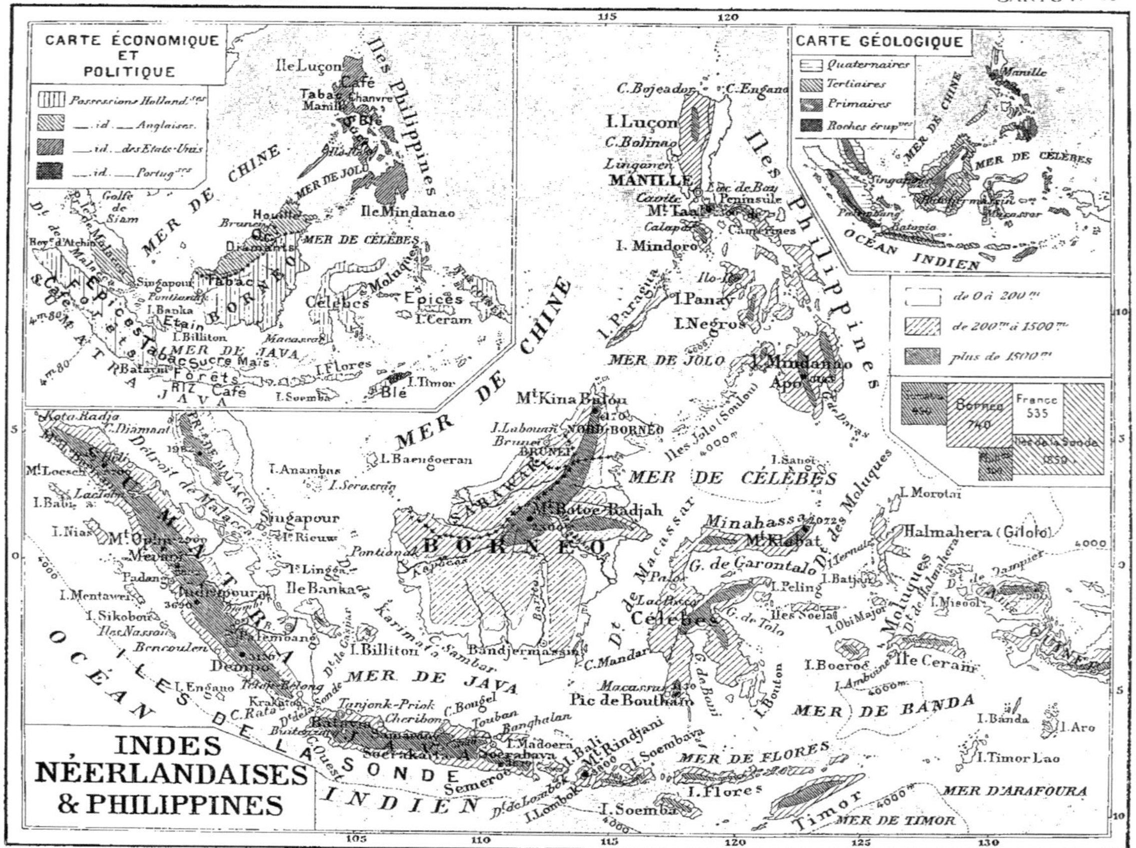

INDES NÉERLANDAISES & PHILIPPINES

SIEURIN, del.

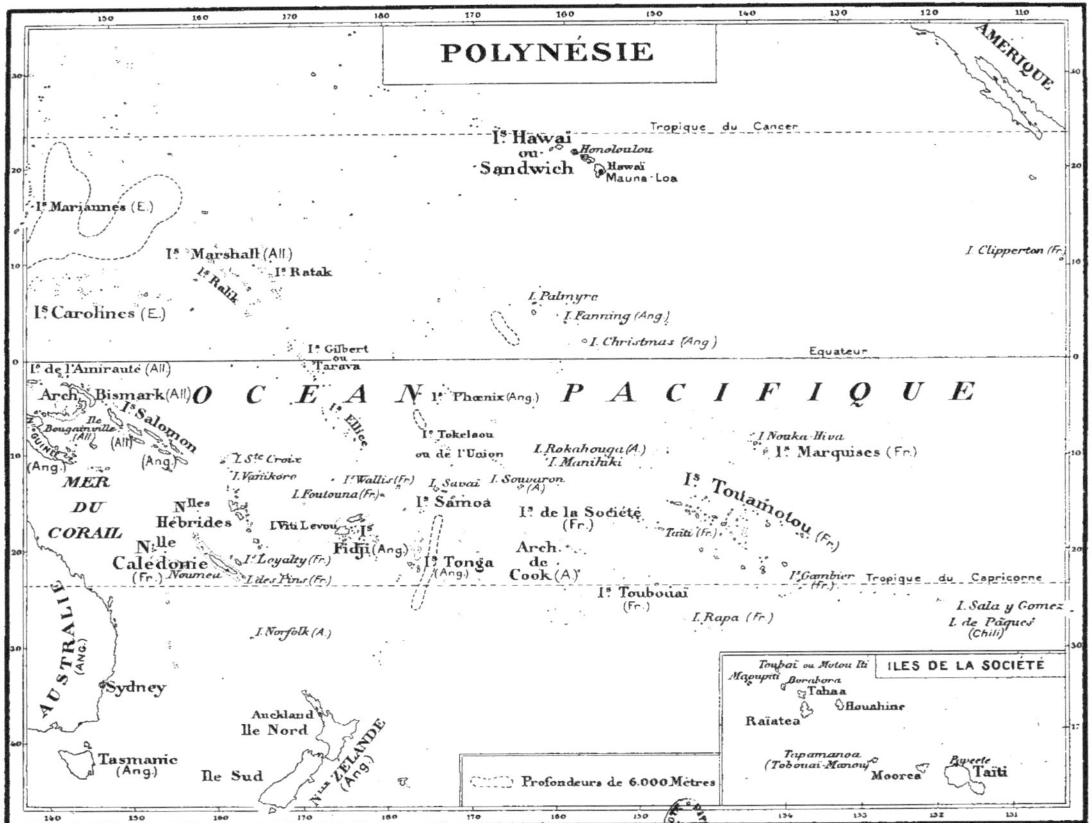

SIEURIN, del. MASSON et Cie, éditeurs.

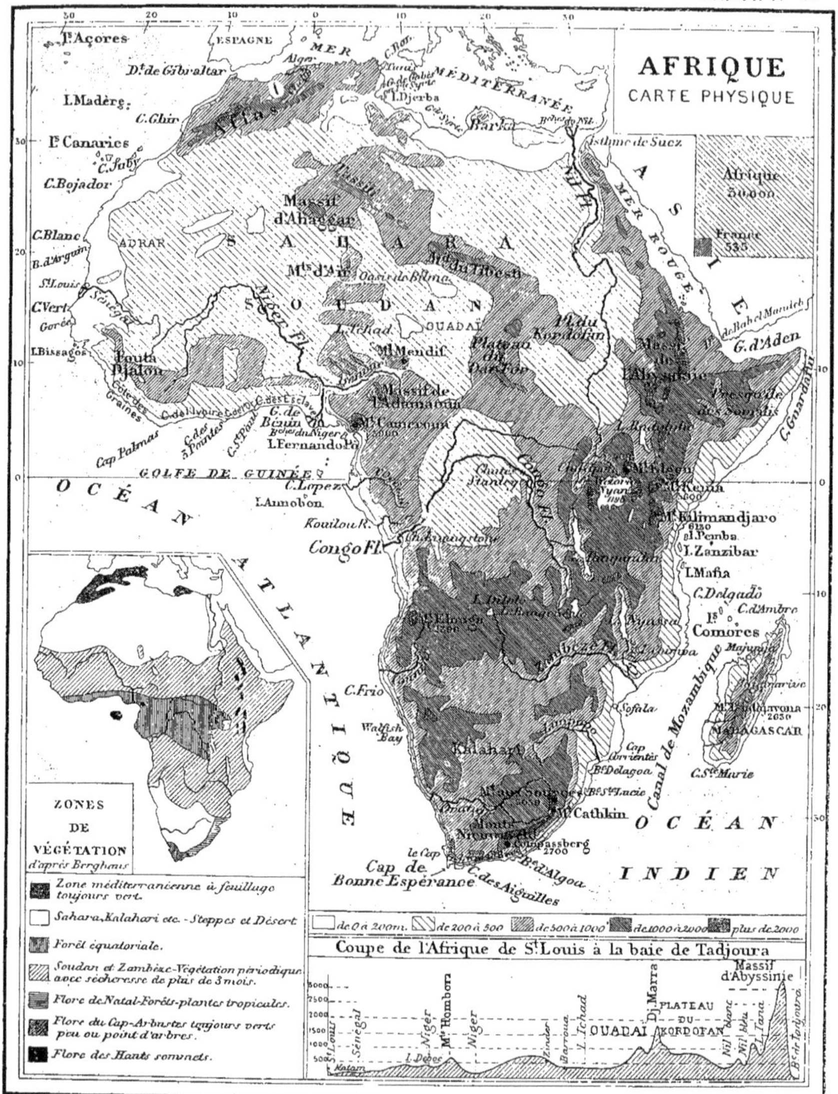

SIEURIN, del.

Masson et Cie, éditeurs.

AFRIQUE
CARTE POLITIQUE
Etats indépendants
à la France
Zone d'influence fse
à l'Angleterre
à l'Allemagne
à l'Italie
au Portugal
à la Turquie
MER MÉDITERRANÉE
OCÉAN ATLANTIQUE
OCÉAN INDIEN
GOLFE DE GUINÉE
MER ROUGE
ARABIE
SAHARA
SOUDAN
MAROC
ALGÉRIE
TUNISIE
TRIPOLITAINE
ÉGYPTE
NUBIE
ABYSSINIE
SÉNÉGAL
LIBERIA
SIERRA LEONE
CAMEROUN
CONGO FRANÇAIS
ÉTAT INDÉPT DU CONGO
ANGOLA
SUD OUEST AFRICAIN
RHODESIA
TRANSVAAL
COL. DU CAP
AFR. ORIENTALE ANGLAISE
AFR. ORIENTALE ALLEMANDE
MADAGASCAR
PAYS DES SOMALI
KORDOFAN
DARFOUR
ETHNOGRAPHIE
RACE BLANCHE
RACE NÈGRE
BANTOUS
EUROPÉENS
LE CAP
DISTRICT FRANÇAIS DE L'OUBANGHI
ÉTAT INDÉPT DU CONGO

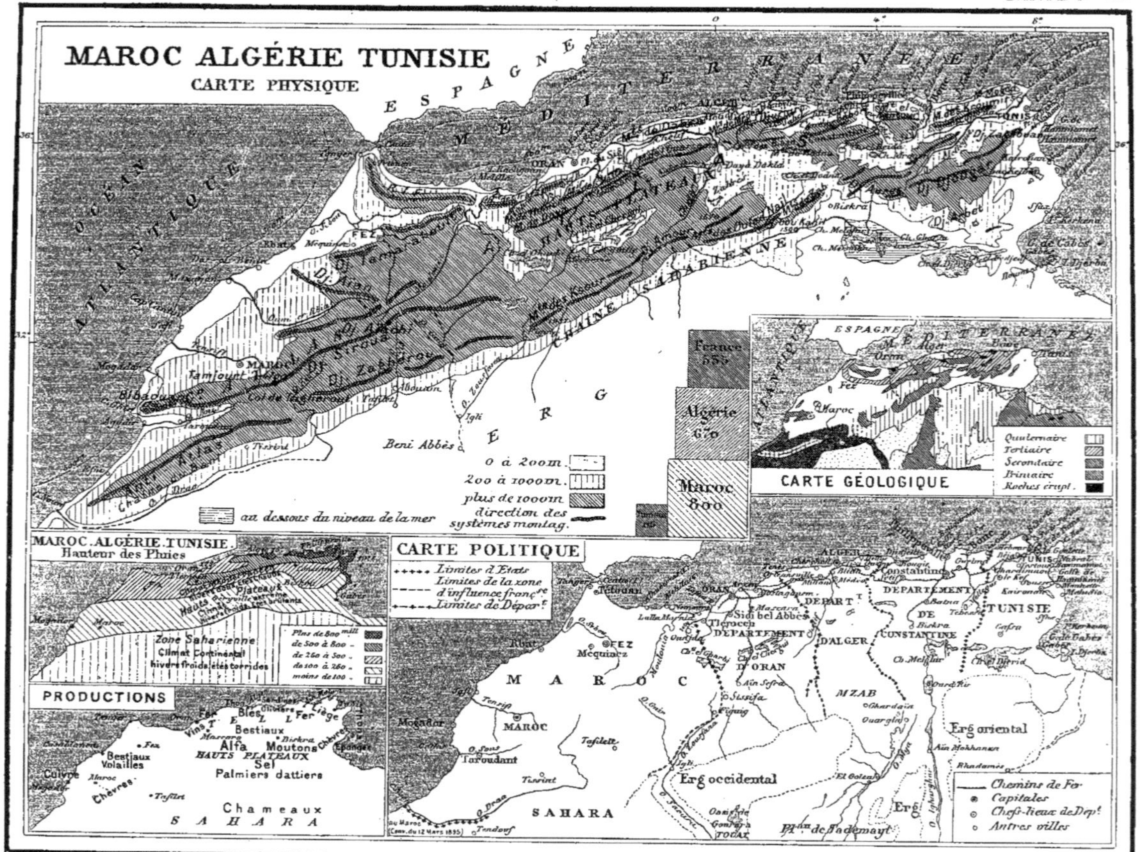
MAROC ALGÉRIE TUNISIE
CARTE PHYSIQUE
ESPAGNE
MÉDITERRANÉE
OCÉAN ATLANTIQUE
HAUTS PLATEAUX
CHAÎNE SAHARIENNE
ERG
Beni Abbès
0 à 200m.
200 à 1000m.
plus de 1000m.
direction des systèmes montag.
au dessous du niveau de la mer
France 555
Algérie 670
Maroc 800
CARTE GÉOLOGIQUE
Quaternaire
Tertiaire
Secondaire
Primaire
Roches érupt.
MAROC.ALGÉRIE.TUNISIE.
Hauteur des Pluies
Zone Saharienne
Climat Continental
hivers froids étés torrides
PRODUCTIONS
Bestiaux
Volailles
Chèvres
Alfa
Moutons
HAUTS PLATEAUX
Sel
Palmiers dattiers
Chameaux
SAHARA
CARTE POLITIQUE
Limites d'États
Limites de la zone d'influence franç.se
Limites de Dépar.t
MAROC
FEZ
Mequinez
SAHARA
Erg occidental
Erg oriental
DÉPARTEMENT D'ORAN
DÉPART.T D'ALGER
DÉPARTEMENT DE CONSTANTINE
TUNISIE
MZAB
Chemins de Fer
Capitales
Chefs-lieux de Dép.t
Autres villes

Sieurin del.

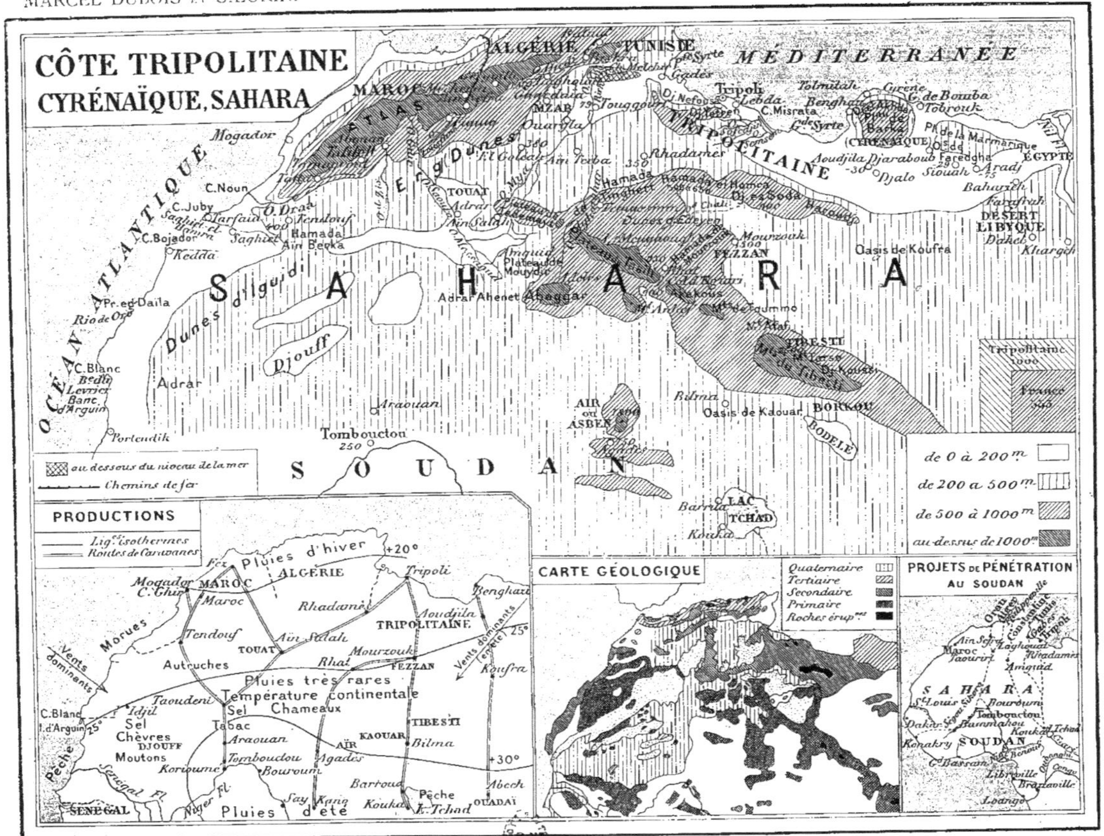

SIEURIN, del.
MASSON et Cie, éditeurs.

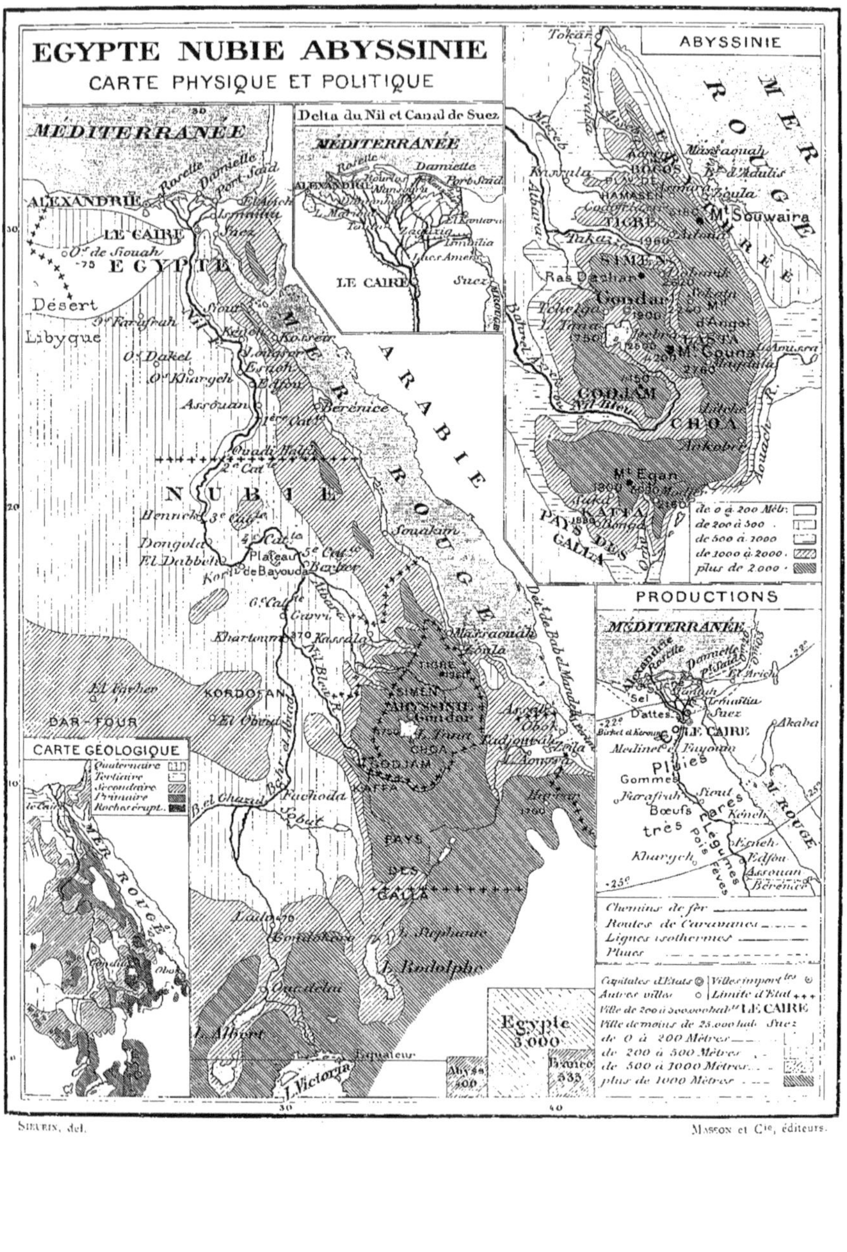

SIEURIN, del. Masson et Cie, éditeurs.

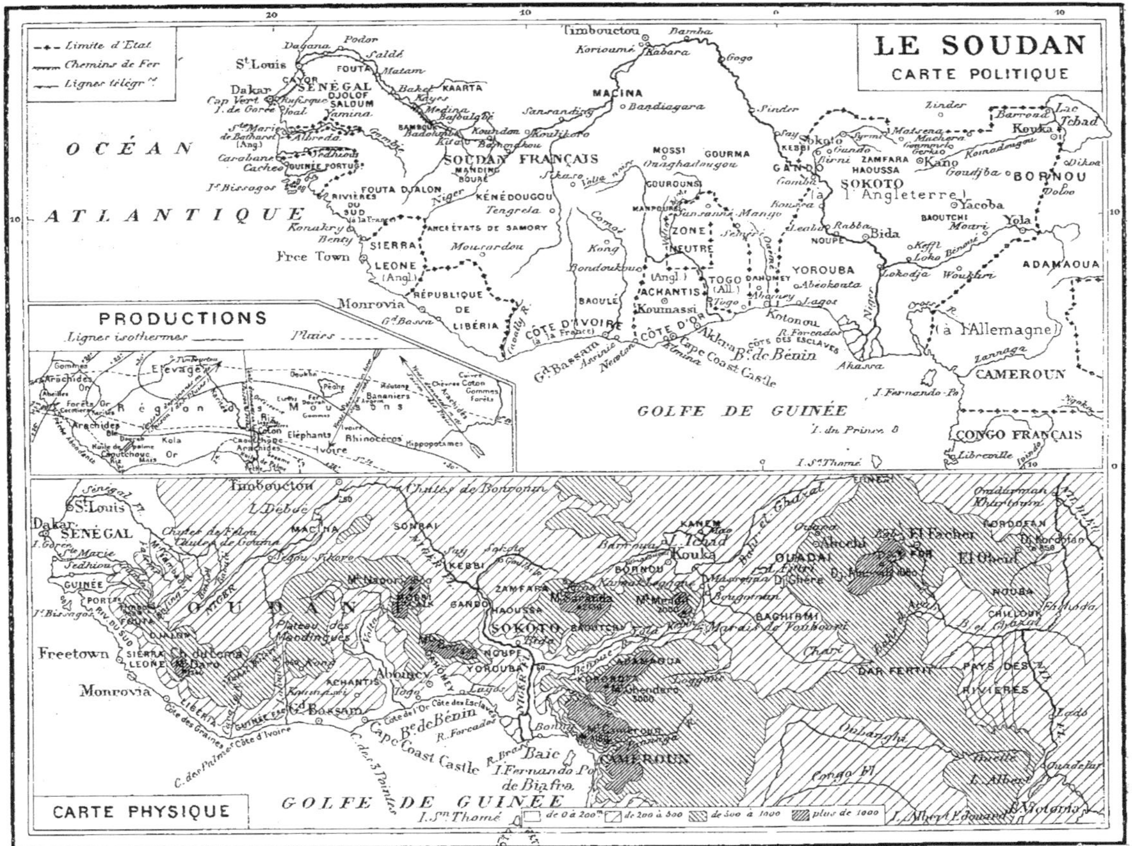

Sieurin, del.

Masson et Cie, éditeurs

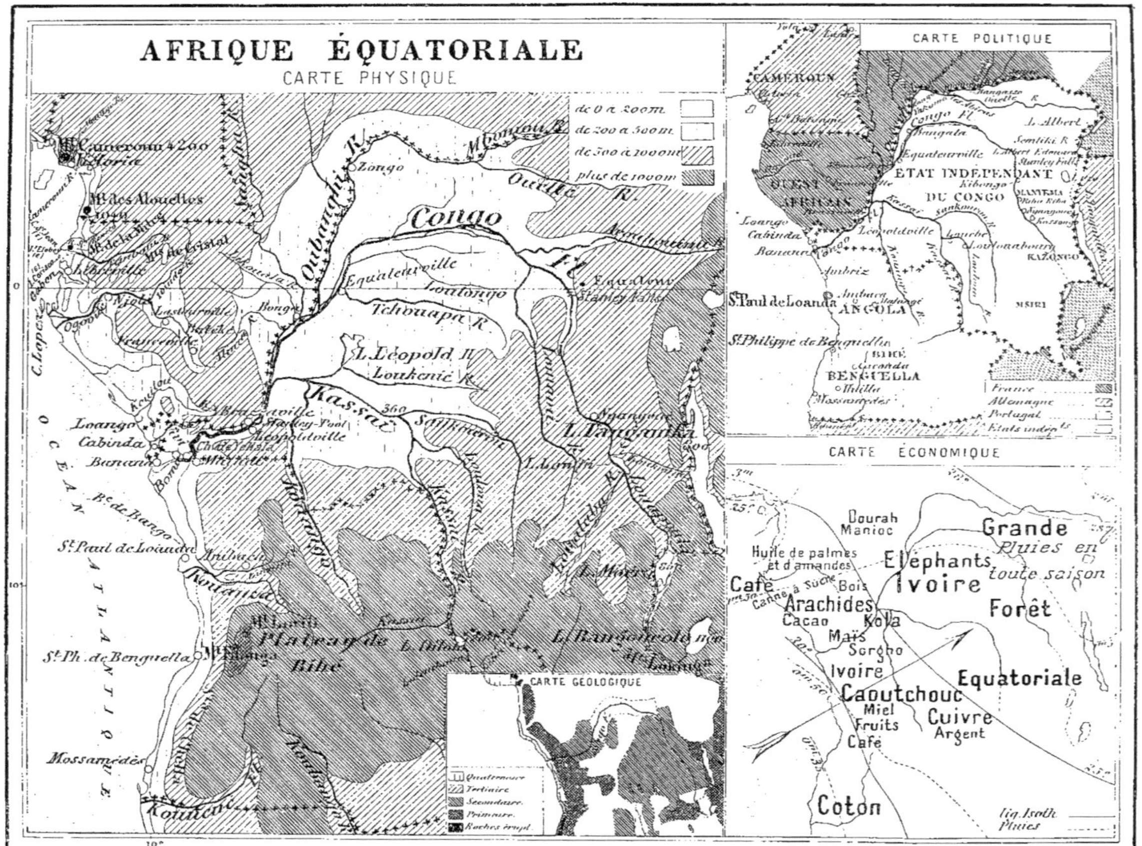
AFRIQUE ÉQUATORIALE
CARTE PHYSIQUE
de 0 à 200m.
de 200 à 500m.
de 500 à 1000m.
plus de 1000m.
Congo
Oubanghi R.
Kassaï
L. Tanganika
Plateau de Bihé
OCÉAN ATLANTIQUE
CARTE POLITIQUE
CAMEROUN
ÉTAT INDÉPENDANT DU CONGO
ANGOLA
BENGUELLA
France
Allemagne
Portugal
États indép.ts
CARTE ÉCONOMIQUE
Dourah
Manioc
Grande
Pluies en toute saison
Huile de palmes et d'amandes
Eléphants
Ivoire
Forêt
Café
Canne à Sucre
Bois
Arachides
Cacao
Kola
Maïs
Sorgho
Ivoire
Equatoriale
Caoutchouc
Miel
Fruits
Café
Cuivre
Argent
Coton
lig. Isoth.
Pluies
CARTE GÉOLOGIQUE
Quaternaire
Tertiaire
Secondaire
Primaire
Roches érupt.

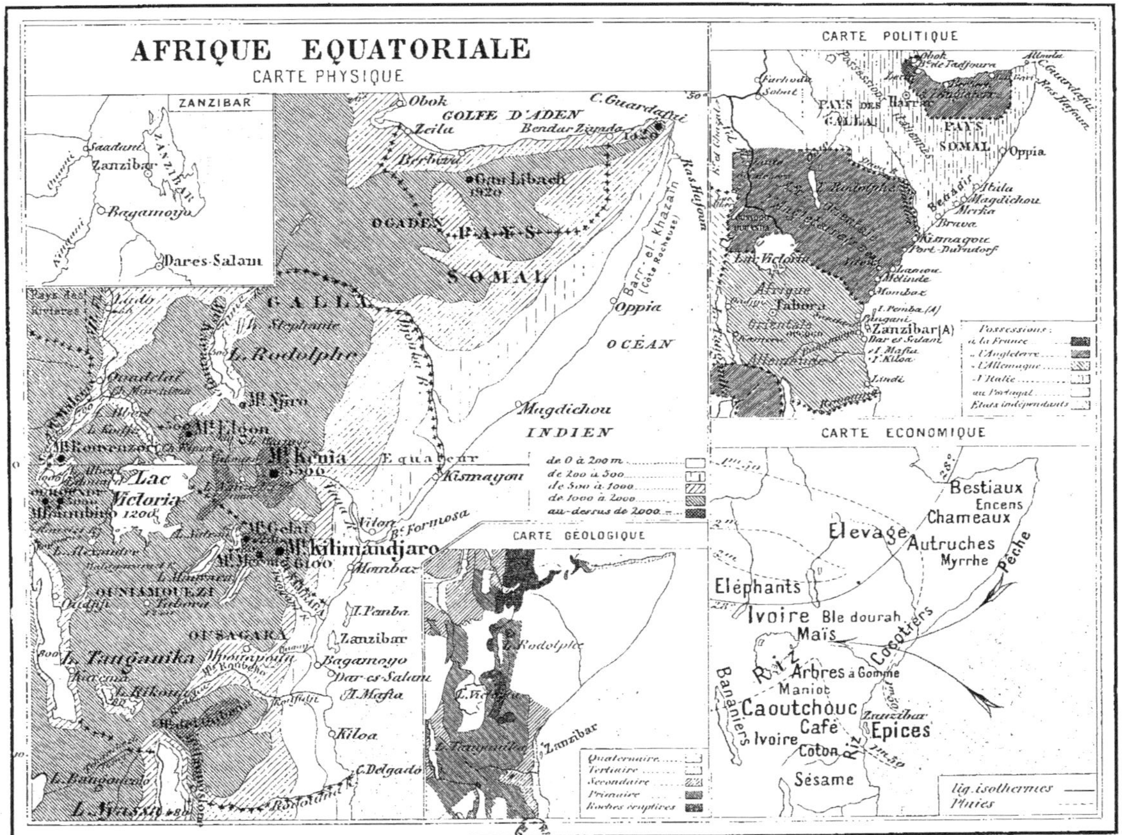

SIEURIN, del.

MASSON et Cie, éditeurs.

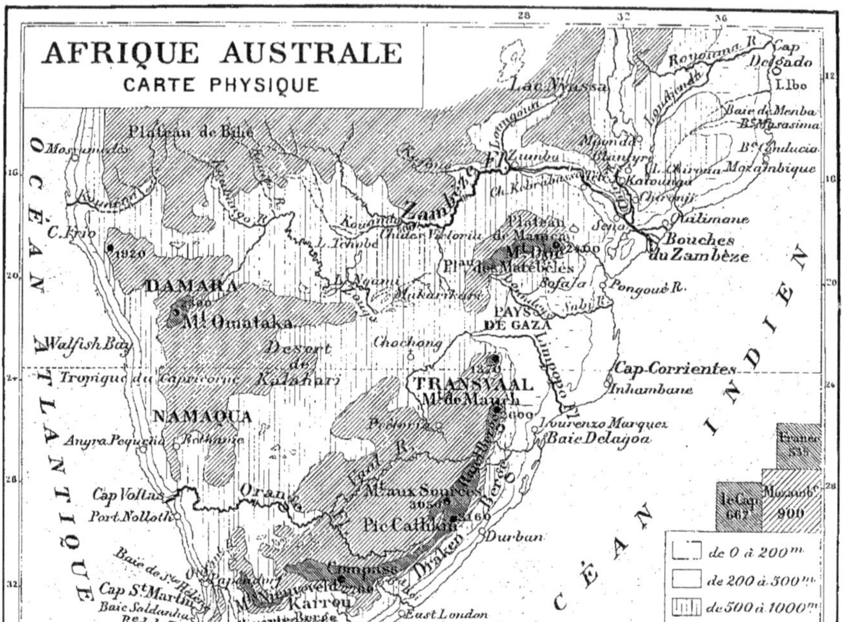

SIEURIN, del. MASSON et Cie, éditeurs.

MARCEL DUBOIS ET SIEURIN. CARTE N° 37

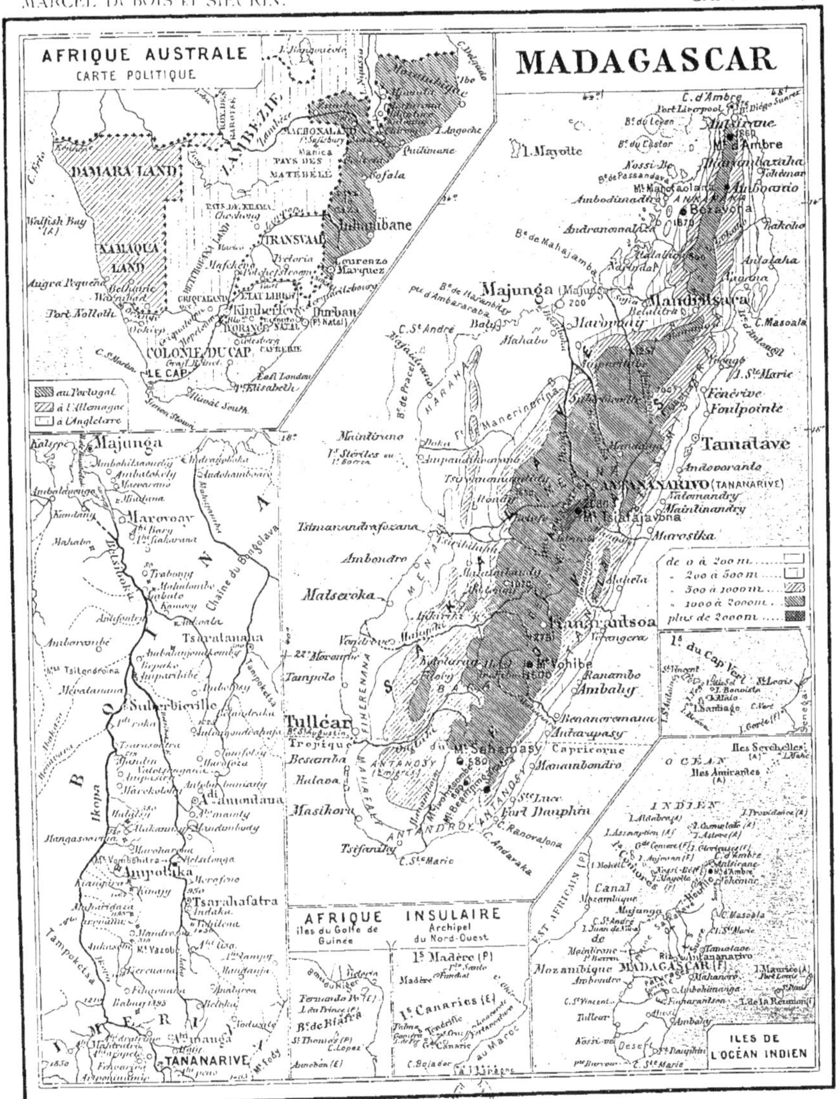

SIEURIN, del. MASSON et Cie, éditeurs.

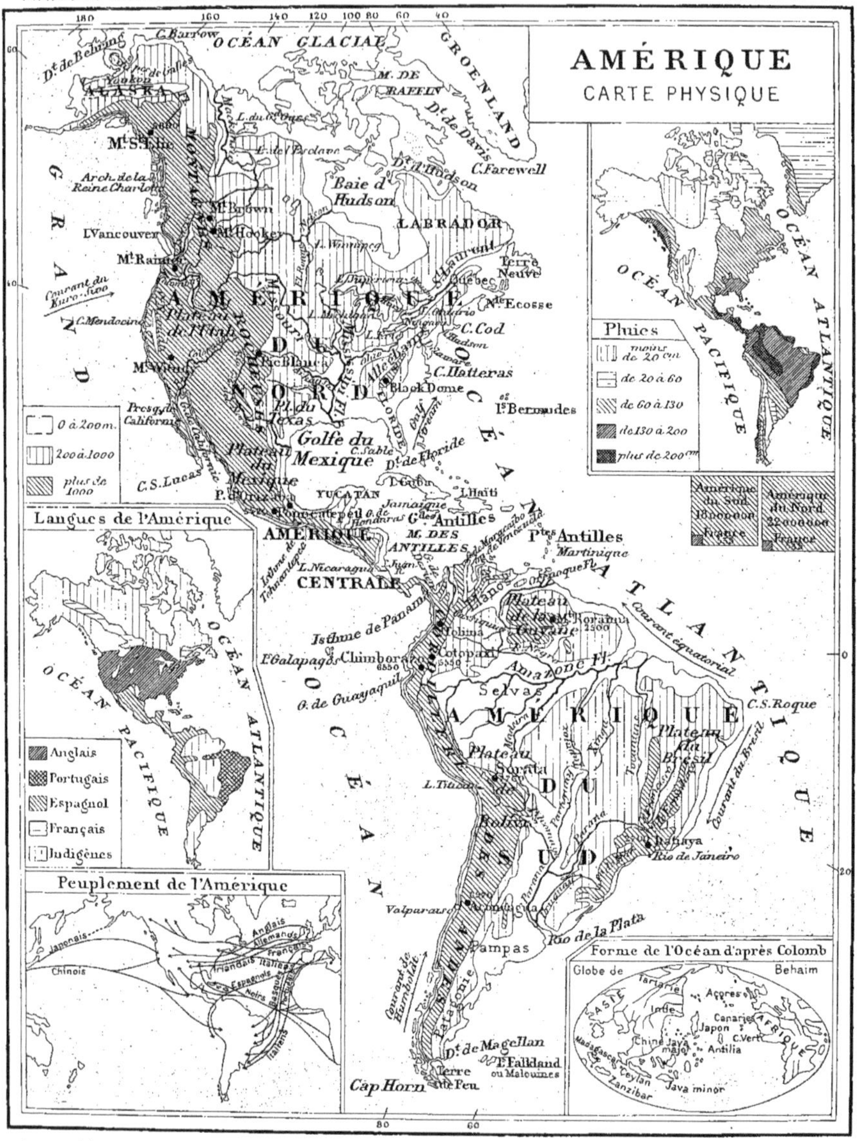

AMÉRIQUE
CARTE PHYSIQUE
OCÉAN GLACIAL
GROENLAND
M. DE BAFFIN
Dt de Davis
C. Farewell
Dt d'Hudson
Baie d'Hudson
LABRADOR
Terre Neuve
Quebec
Nle Ecosse
C. Cod
C. Hatteras
Is Bermudes
ALASKA
Mt St Élie
Arch. de la Reine Charlotte
Mt Brown
Mt Hooker
I. Vancouver
Mt Rainier
Courant du Kuro-Siwo
C. Mendocino
AMÉRIQUE DU NORD
Plateau de l'Utah
Pic Blanc
Black Dome
Pl. du Texas
Golfe du Mexique
Plateau du Mexique
Presqu'île Californie
C. S. Lucas
C. Sable
Dt de Floride
YUCATAN
I. Cuba
I. Haïti
Jamaïque
Gdes Antilles
Ptes Antilles
Martinique
M. DES ANTILLES
AMÉRIQUE CENTRALE
L. Nicaragua
Isthme de Panama
Plateau de la Guyane
Mt Roraima
Llanos
Chimborazo
Cotopaxi
Is Galapagos
G. de Guayaquil
Amazone Fl.
Selvas
AMÉRIQUE DU SUD
Plateau du Brésil
C. S. Roque
Courant équatorial
Courant du Brésil
Plateau
Sorata
L. Titicaca
Bolivie
Itatiaya
Rio de Janeiro
Valparaiso
Aconcagua
Rio de la Plata
Pampas
Courant de Humboldt
Patagonie
Dt de Magellan
Is Falkland ou Malouines
Terre de Feu
Cap Horn
GRAND OCÉAN
OCÉAN ATLANTIQUE
0 à 200m.
200 à 1000
plus de 1000
Pluies
moins de 20 cm
de 20 à 60
de 60 à 130
de 130 à 200
plus de 200 cm
OCÉAN PACIFIQUE
OCÉAN ATLANTIQUE
Amérique du Sud 18000000 France
Amérique du Nord 22000000 France
Langues de l'Amérique
Anglais
Portugais
Espagnol
Français
Indigènes
Peuplement de l'Amérique
Japonais
Chinois
Anglais
Allemands
Français
Irlandais
Italiens
Espagnols
Noirs
Forme de l'Océan d'après Colomb
Globe de Behaim
Tartarie
Inde
Açores
Canaries
AFRIQUE
Japon
C. Vert
Chine
Java major
Antilia
Ceylan
Zanzibar
Java minor

AMÉRIQUE DU NORD
CARTE POLITIQUE
ASIE
OCÉAN GLACIAL ARCTIQUE
Dét.t de Behring
Yukon
ALASKA
aux Etats-Unis
Klondyke R.
Mackenzie
GROENLAND
Baie d'Hudson
CANADA
TERRE-NEUVE
St John's
Vancouver
Transcanadian Pacific
Winnipeg
Quebec
Halifax
Montréal
L. Supérieur
OTTAWA
Toronto
Niagara
Boston
NEW-YORK
Philadelphie
WASHINGTON
Chicago
Missouri
ÉTATS-UNIS
San Francisco
Colorado
St Louis
Ohio
Mississipi
Nouvelle-Orléans
OCÉAN ATLANTIQUE
OCÉAN PACIFIQUE
Is Bahama
GOLFE DU MEXIQUE
la Havane
CUBA
Porto Rico
HAÏTI
Port-au-Prince
GRANDES ANTILLES
Kingston
Jamaïque
MER DES ANTILLES
MEXIQUE
Tampico
MEXICO
Puebla
Vera-Cruz
Acapulco
AMÉRIQUE CENTRALE
VENEZUELA
TERRITOIRE D'ALASKA
PUISSANCE DU CANADA
Yukon
Porcupine R.
Ft Yukon
Circle City
Ft Good Hope
Dawson City
Klondyke
Ogilvie
Pelly R.
Ft Selkirk
L. Labarge
L. Marsh
Mt St Élie
L. Bennett
L. Togish
L. Lindeman
Dyea
Skagway
Chilkoot
Juneau
Ft Douglas
Sitka
I. Baranof
Limites d'Etats
Chemins de Fer
Capitales
Villes importantes
Echelle 1/40 000 000
Kilomètres
300 0 300 600 900 1200

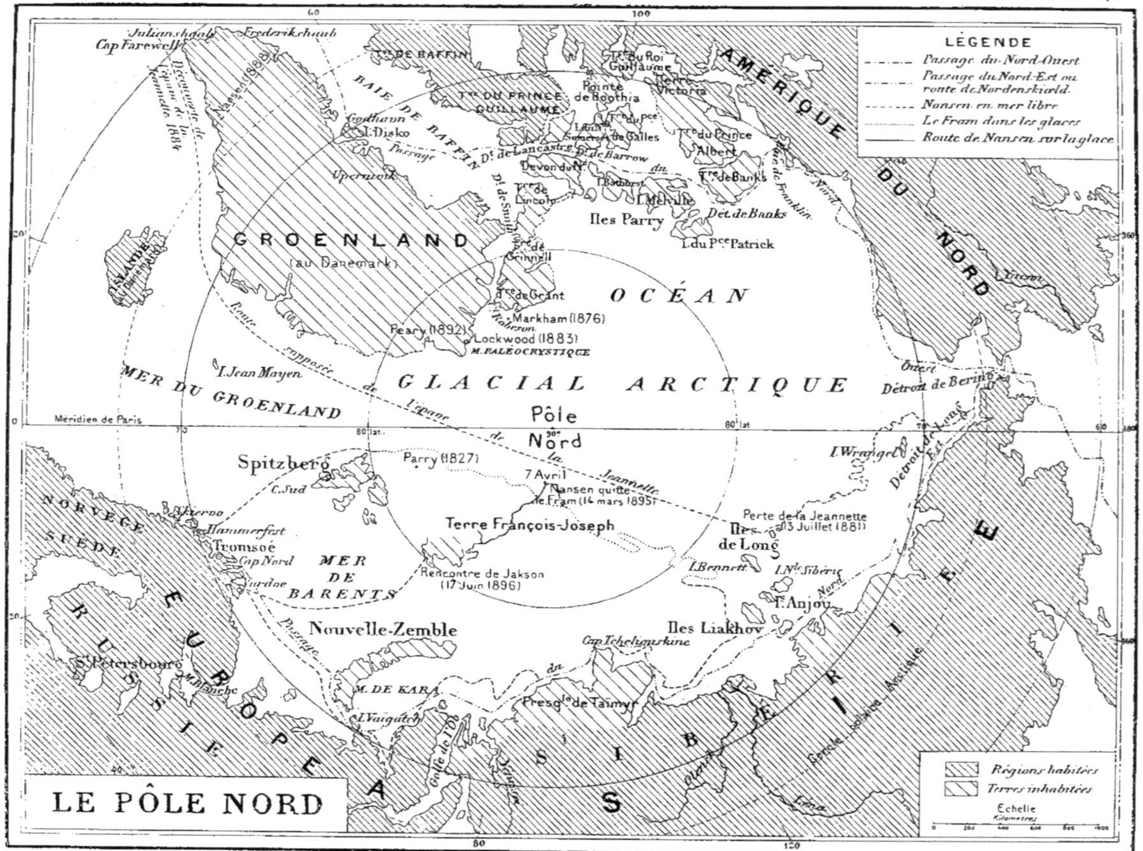
LÉGENDE
Passage du Nord-Ouest
Passage du Nord-Est ou route de Nordenskiold
Nansen en mer libre
Le Fram dans les glaces
Route de Nansen sur la glace
Régions habitées
Terres inhabitées
Echelle
GROENLAND
(au Danemark)
AMÉRIQUE DU NORD
OCÉAN GLACIAL ARCTIQUE
Pôle Nord
MER DU GROENLAND
MER DE BARENTS
BAIE DE BAFFIN
Spitzberg
Terre François-Joseph
Nouvelle-Zemble
Iles Liakhov
Iles de Long
Iles Parry
Peary (1892)
Markham (1876)
Lockwood (1883)
Parry (1827)
Rencontre de Jakson (17 Juin 1896)
Nansen quitte le Fram (14 mars 1895)
Perte de la Jeannette (13 Juillet 1881)
Détroit de Bering
Méridien de Paris
EUROPE
RUSSIE
NORVÈGE
SUÈDE
ASIE
SIBÉRIE

LE PÔLE NORD

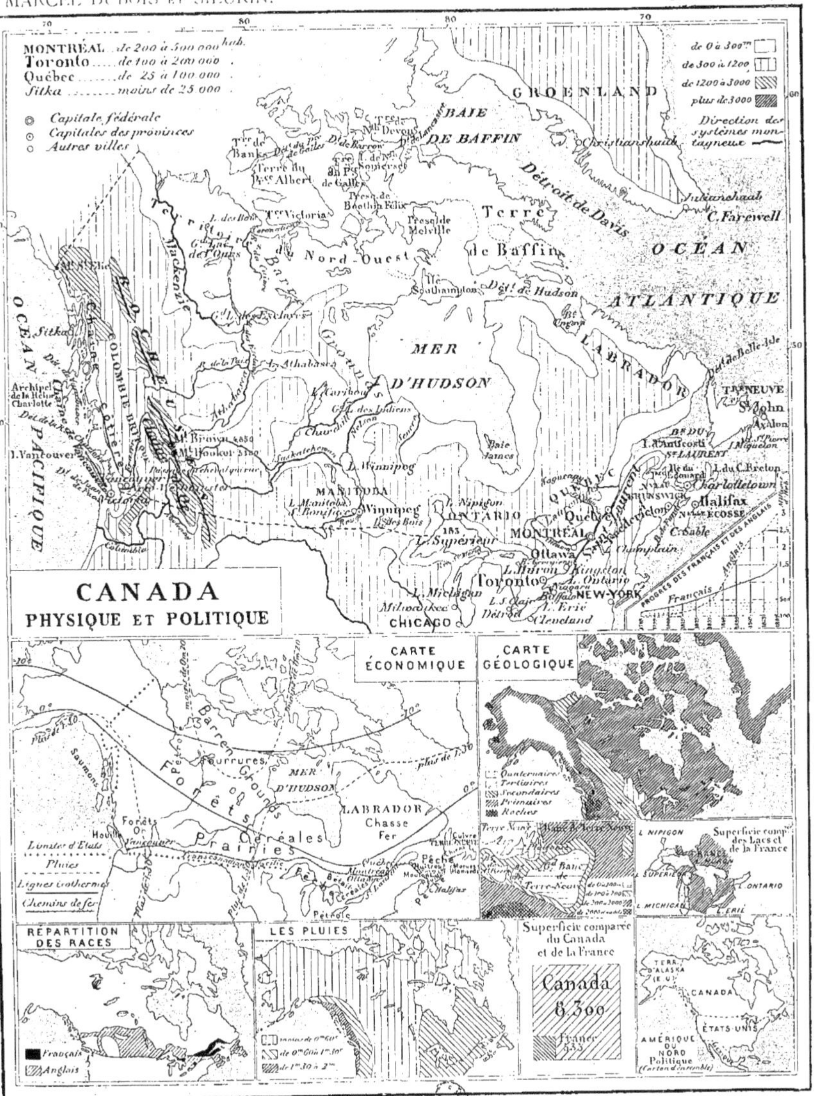
CANADA
PHYSIQUE ET POLITIQUE
MONTRÉAL de 200 à 500 000 hab.
Toronto de 100 à 200 000
Québec de 25 à 100 000
Sitka moins de 25 000
Capitale fédérale
Capitales des provinces
Autres villes
de 0 à 300m
de 300 à 1200
de 1200 à 3000
plus de 3000
Direction des systèmes montagneux
GROENLAND
BAIE DE BAFFIN
Détroit de Davis
Terre de Baffin
OCÉAN ATLANTIQUE
C. Farewell
MER D'HUDSON
LABRADOR
Territoires du Nord-Ouest
OCÉAN PACIFIQUE
COLOMBIE BRITANNIQUE
MANITOBA
ONTARIO
QUÉBEC
Winnipeg
MONTRÉAL
Ottawa
Toronto
Québec
Halifax
NEW-YORK
CHICAGO
T.re NEUVE
St John
L. Supérieur
L. Michigan
L. Huron
L. Ontario
L. Érié
CARTE ÉCONOMIQUE
Fourrures
Forêts
Prairies
Céréales
Pêche
LABRADOR Chasse Fer
Barren Grounds
MER D'HUDSON
Limites d'États
Pluies
Lignes isothermes
Chemins de fer
CARTE GÉOLOGIQUE
Quaternaires
Tertiaires
Secondaires
Primaires
Roches
Superficie comp. des Lacs et de la France
RÉPARTITION DES RACES
Français
Anglais
LES PLUIES
Superficie comparée du Canada et de la France
Canada 8.300
France 533
AMÉRIQUE DU NORD Politique (Carte d'ensemble)
CANADA
ÉTATS-UNIS
PROGRÈS DES FRANÇAIS ET DES ANGLAIS

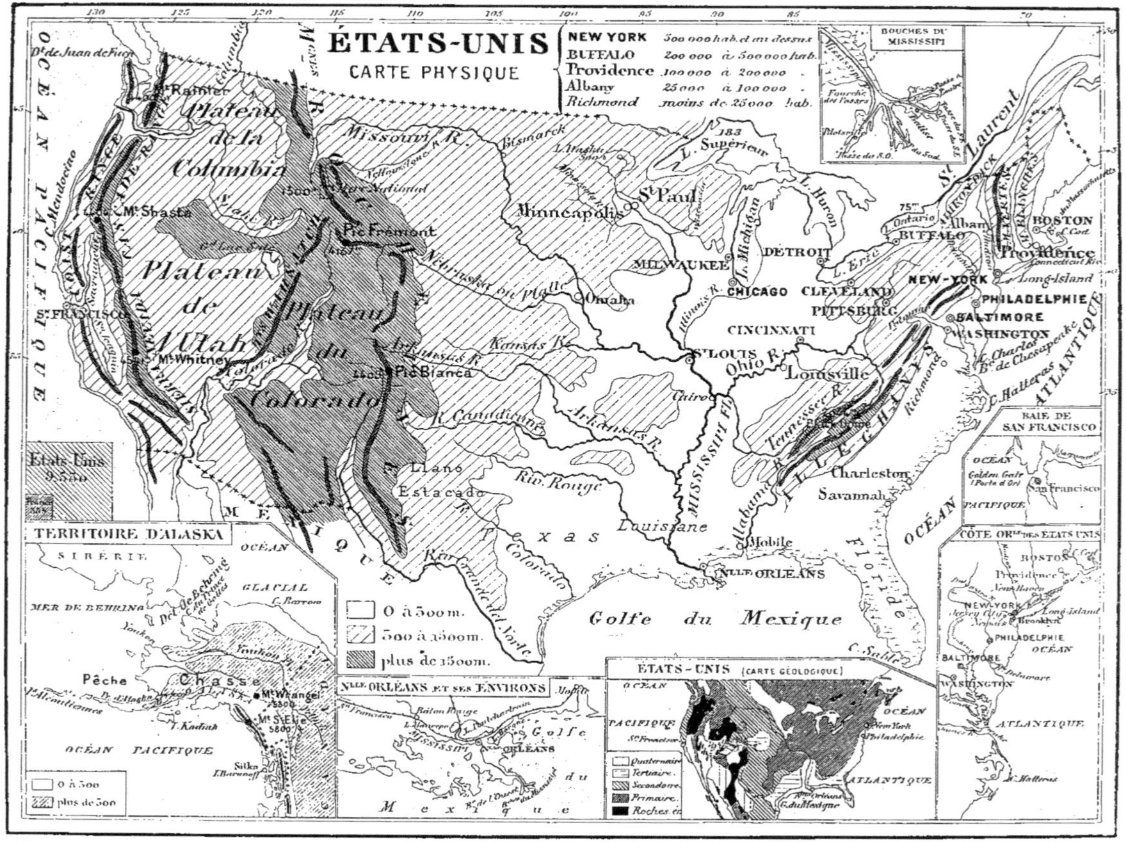

SIEURIN, del. Masson et Cie, éditeurs.

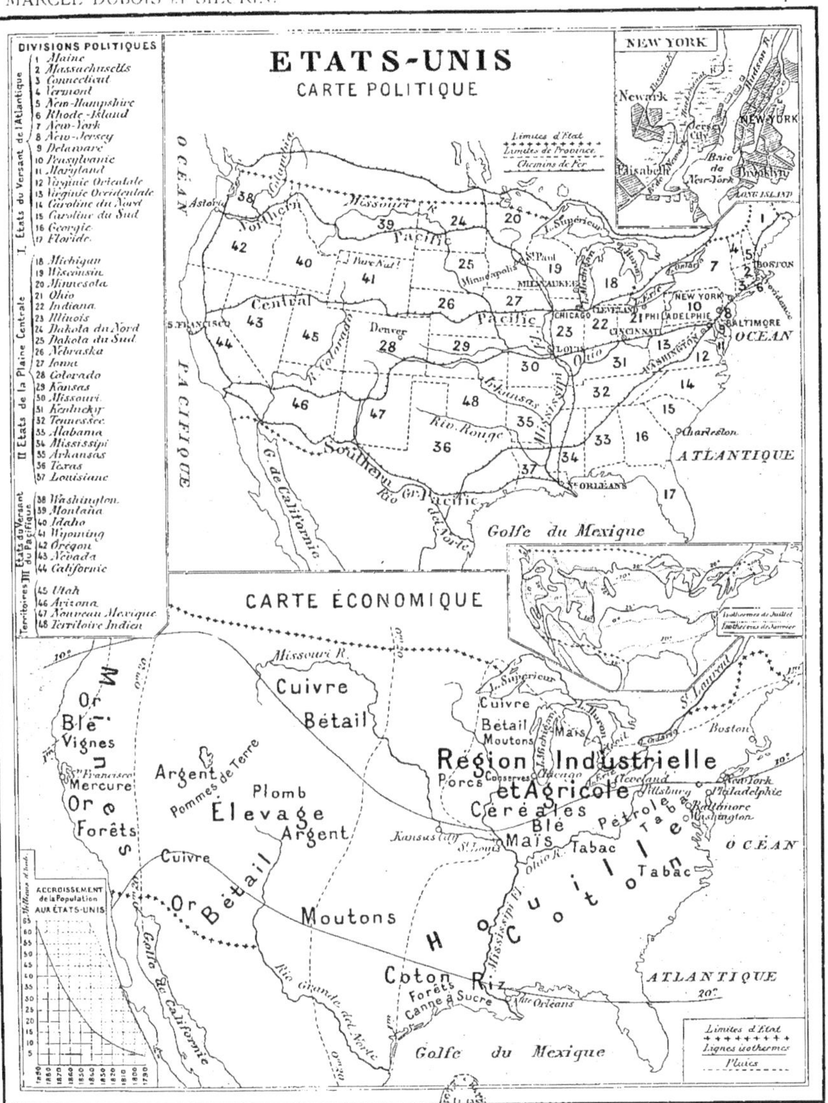
ETATS-UNIS
CARTE POLITIQUE
DIVISIONS POLITIQUES
I. États du Versant de l'Atlantique
1 Maine
2 Massachusetts
3 Connecticut
4 Vermont
5 New-Hampshire
6 Rhode-Island
7 New-York
8 New-Jersey
9 Delaware
10 Pensylvanie
11 Maryland
12 Virginie Orientale
13 Virginie Occidentale
14 Caroline du Nord
15 Caroline du Sud
16 Géorgie
17 Floride
II États de la Plaine Centrale
18 Michigan
19 Wisconsin
20 Minnesota
21 Ohio
22 Indiana
23 Illinois
24 Dakota du Nord
25 Dakota du Sud
26 Nebraska
27 Iowa
28 Colorado
29 Kansas
30 Missouri
31 Kentucky
32 Tennessee
33 Alabama
34 Mississipi
35 Arkansas
36 Texas
37 Louisiane
III États du Versant du Pacifique
38 Washington
39 Montana
40 Idaho
41 Wyoming
42 Orégon
43 Nevada
44 Californie
Territoires
45 Utah
46 Arizona
47 Nouveau Mexique
48 Territoire Indien
Limites d'État
Limites de Province
Chemins de Fer
NEW YORK
Newark
Jersey City
NEW YORK
Baie de New-York
Brooklyn
LONG ISLAND
OCÉAN PACIFIQUE
OCÉAN ATLANTIQUE
Golfe du Mexique
G. de Californie
Northern Pacific
Central Pacific
Southern Pacific
Missouri R.
Ohio
Arkansas
Rio Rouge
Mississipi
Rio Gr. del Norte
L. Supérieur
S. Francisco
Astoria
Denver
St Paul
Minneapolis
Milwaukee
Chicago
Cleveland
Cincinnati
St Louis
Washington
Philadelphie
Baltimore
Boston
Charleston
N. Orléans
Isothermes de Juillet
Isothermes de Janvier
CARTE ÉCONOMIQUE
Mines
Or
Blé
Vignes
Mercure
Forêts
Argent
Pommes de Terre
Plomb
Élevage
Cuivre
Bétail
Moutons
Région Industrielle et Agricole
Porcs
Conserves
Céréales
Blé
Maïs
Pétrole
Tabac
Houille
Coton
Riz
Forêts
Canne à Sucre
Kansas City
St Louis
Ohio R.
Pittsburg
New York
Philadelphie
Baltimore
Washington
Boston
St Laurent
N. Orléans
Rio Grande del Norte
Golfe de Californie
Golfe du Mexique
OCÉAN ATLANTIQUE
ACCROISSEMENT de la Population AUX ÉTATS-UNIS
Millions d'habit.
Limites d'État
Lignes isothermes
Pluies

MEXIQUE
AMÉRIQUE CENTRALE
CARTE PHYSIQUE
de 0 à 300m
300 à 1200
plus de 1200
France 535
Mexique 1945
ÉTATS-UNIS
TEXAS
Golfe du Mexique
Bouches du Mississipi
FLORIDE
Ile Andros
LA HAVANE
CUBA
Ile de Pinos
Jamaïque
Kingston
Canal de Yucatan
Cap Catoche
MER DES ANTILLES
Golfe de Honduras
Cap Gracias à Dios
OCÉAN PACIFIQUE
Isthme de Tehuantepec
Grand Bassin
Sierra Madre
Plateau d'Anahuac
MEXIQUE
Golfe de Californie
PRESQU'ILE DE CALIFORNIE
Cap St Lucas
C. Corrientes
Guadalajara
Tampico
Matamoros
Vera-Cruz
Popocatepetl (Volcan)
Pic d'Orizaba (Volcan)
Baie de Campêche
Campêche
YUCATAN
Belize
GUATEMALA
Guatemala
HONDURAS
Tegucigalpa
NICARAGUA
SALVADOR
Fuego (Volcan)
Coseguina (Volcan)
Momotombo (Volcan)
Leon
Lac de Managua
Lac de Nicaragua
Baie de Fonseca
Liberia
San José
COSTA-RICA
Baie de Nicoya
Golfe Dolce
Presqu'ile d'Azuero
Baie de Chiriqui
Isthme de Panama
Colon
Panama
COLOMBIE
Golfe de Panama
Capitales
Chefs-Lieux de Prov.ces
Autres Villes
Limites d'États
MEXICO 200 à 500.000 h.
Puebla 25 à 100.000 h.
St Salvador moins de 25.000 h.
MEXICO & PUEBLA
Pachuca
Plateau d'Anahuac
Texcoco
Tlaxcala
Cofre de Perote
Toluca
Nevado de Toluca
Ixtaccihuatl
Popocatepetl
Puebla
Orizaba
Cuernavaca
Tehuacan
CARTE GÉOLOGIQUE
Golfe du Mexique
MER DES ANTILLES
OCÉAN PACIFIQUE
Quaternaires
Tertiaires
Secondaires
Primaires
Roches éruptives
Isthme de PANAMA
Colon-Aspinwall
Baie de Limon
Rio Chagres
Cruces
Gorgona
Barbacoas
Culebra
Panama
Chorrera
Baie de Panama
Chemin de fer
Canal
OCÉAN PACIFIQUE

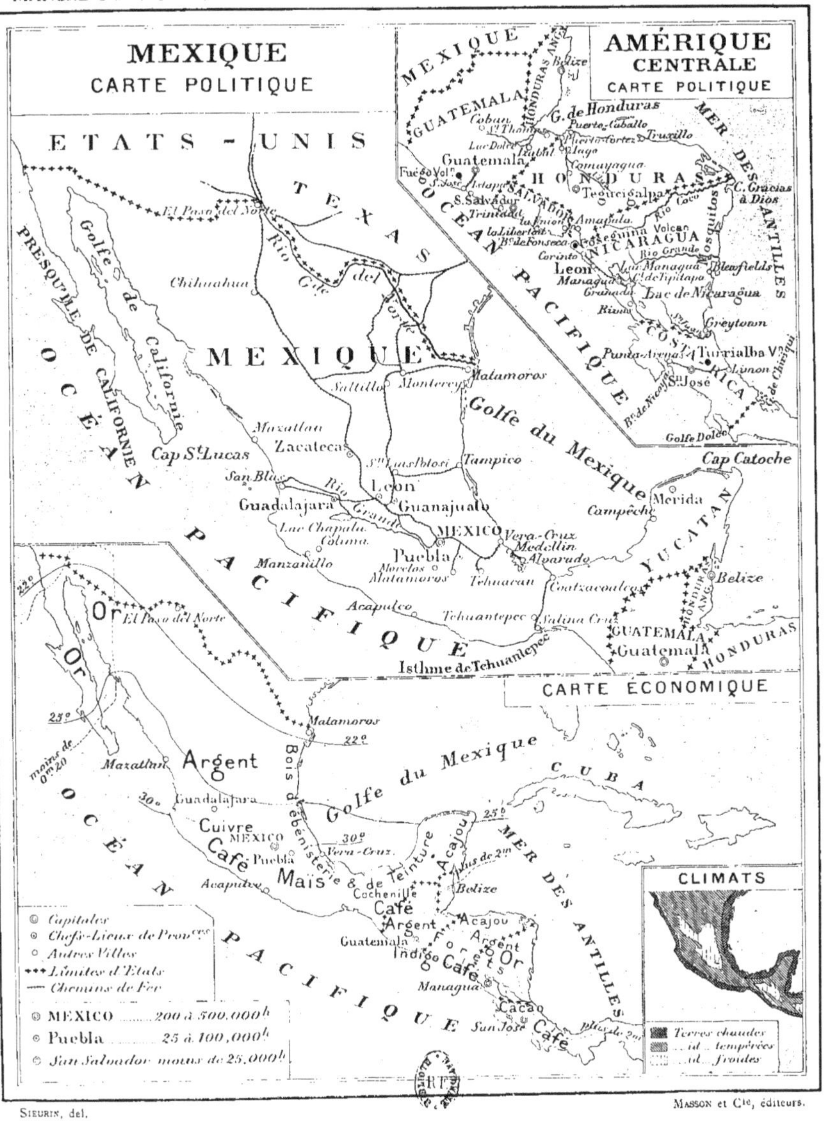
MEXIQUE
CARTE POLITIQUE
AMÉRIQUE CENTRALE
CARTE POLITIQUE
CARTE ÉCONOMIQUE
CLIMATS
ETATS - UNIS
TEXAS
MEXIQUE
PRESQU'ILE DE CALIFORNIE
Golfe de Californie
OCÉAN PACIFIQUE
Golfe du Mexique
YUCATAN
GUATEMALA
HONDURAS
NICARAGUA
COSTA RICA
MER DES ANTILLES
CUBA
Cap St Lucas
Cap Catoche
Chihuahua
Saltillo
Monterey
Matamoros
Mazatlan
Zacatecas
San Blas
Guadalajara
Leon
Guanajuato
Tampico
MEXICO
Puebla
Vera-Cruz
Campêche
Merida
Acapulco
Tehuantepec
Isthme de Tehuantepec
Belize
Guatemala
Tegucigalpa
Leon
Lac de Nicaragua
Greytown
St José
Argent
Cuivre
Café
Maïs
Or
Cacao
Indigo
Acajou
Bois d'ébénisterie & de Teinture
Cochenille
Capitales
Chefs-Lieux de Provces
Autres Villes
Limites d'Etats
Chemins de Fer
MEXICO 200 à 500.000h
Puebla 25 à 100.000h
San Salvador moins de 25.000h
Terres chaudes
id. tempérées
id. froides

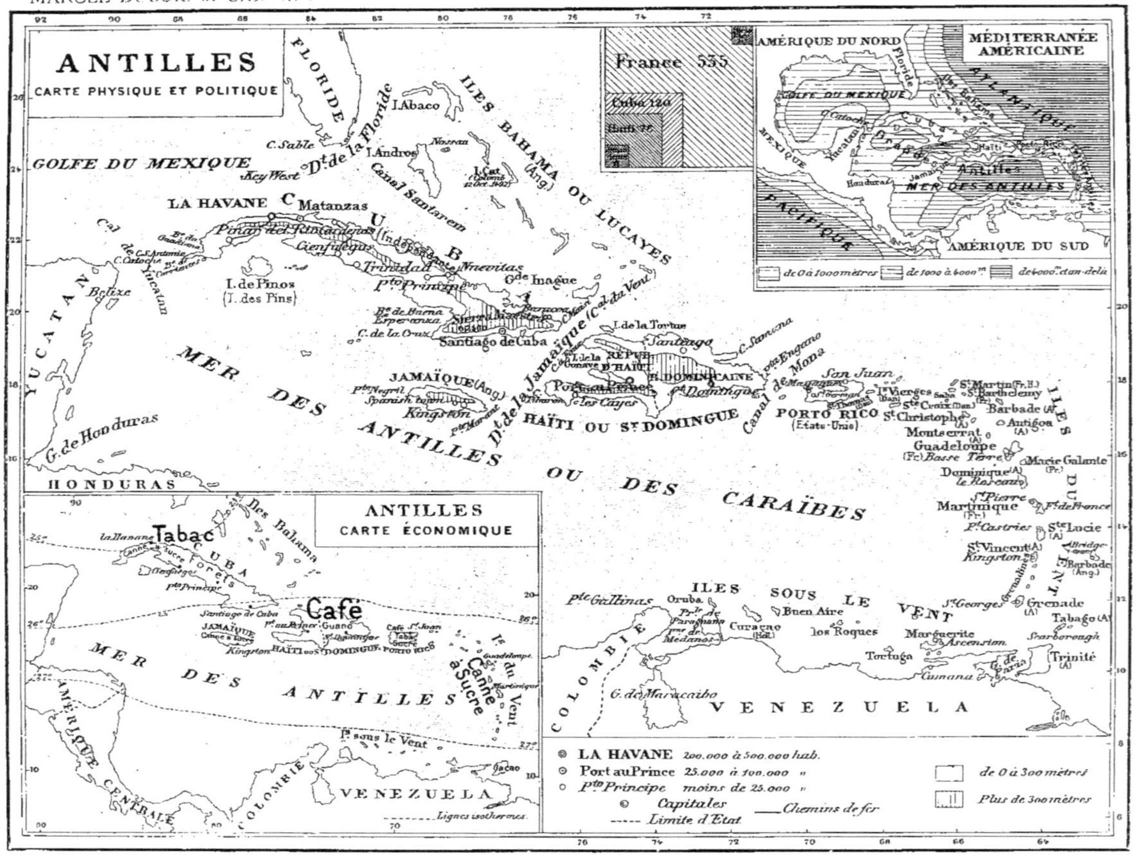
ANTILLES
CARTE PHYSIQUE ET POLITIQUE
GOLFE DU MEXIQUE
FLORIDE
ILES BAHAMA (Ang.) OU LUCAYES
LA HAVANE
Matanzas
CUBA
Canal Santarem
I. de Pinos (I. des Pins)
MER DES ANTILLES OU DES CARAÏBES
JAMAÏQUE (Ang.)
Kingston
Santiago de Cuba
HAÏTI OU St DOMINGUE
Port au Prince
Canal de Mona
PORTO RICO (États-Unis)
San Juan
Guadeloupe
Martinique
Barbade
Trinité
ILES SOUS LE VENT
ILES DU VENT
VENEZUELA
COLOMBIE
YUCATAN
HONDURAS
G. de Honduras
France 535
Cuba 120
Haïti 75
MÉDITERRANÉE AMÉRICAINE
AMÉRIQUE DU NORD
AMÉRIQUE DU SUD
ATLANTIQUE
PACIFIQUE
MER DES ANTILLES
de 0 à 1000 mètres
de 1000 à 4000m
de 4000m et au-delà
ANTILLES
CARTE ÉCONOMIQUE
Tabac
Café
Canne à Sucre
AMÉRIQUE CENTRALE
Lignes isothermes
LA HAVANE 200.000 à 500.000 hab.
Port au Prince 25.000 à 100.000 "
Pto Principe moins de 25.000 "
Capitales
Chemins de fer
Limite d'État
de 0 à 300 mètres
Plus de 300 mètres

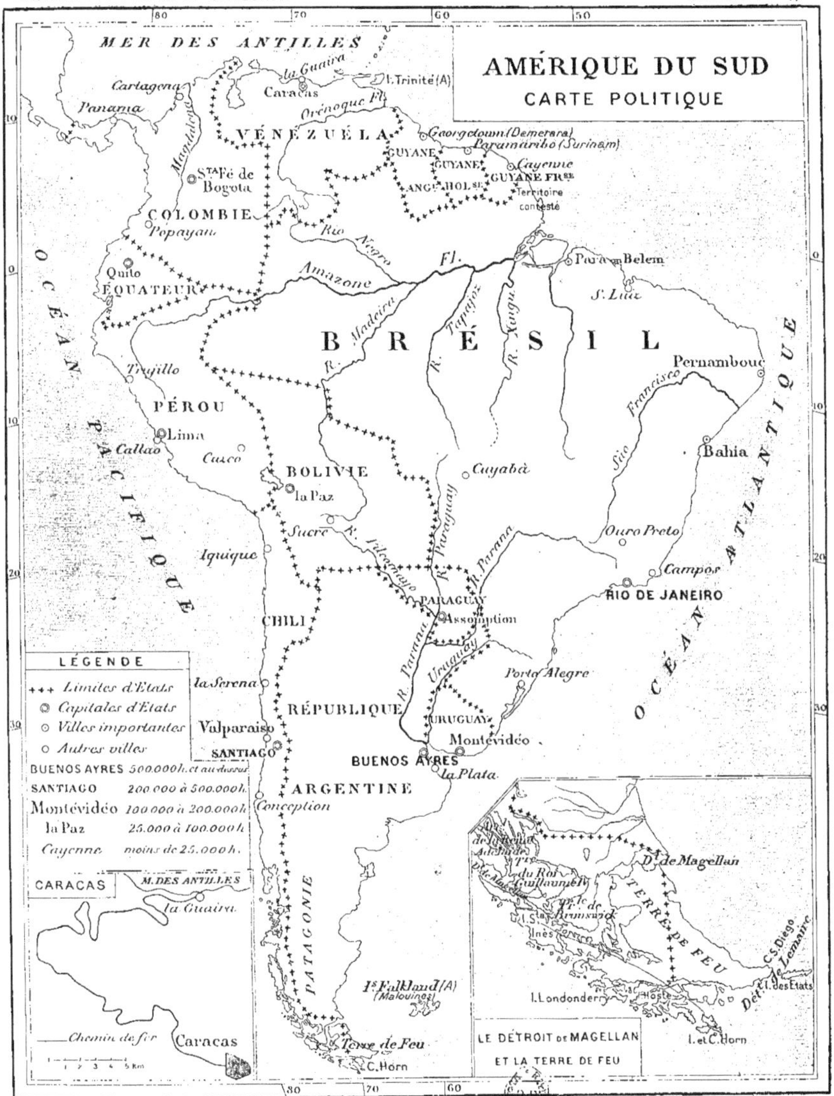

SIEURIN, del. MASSON et Cie, éditeurs.

MARCEL DUBOIS ET SIEURIN. CARTE N° 48

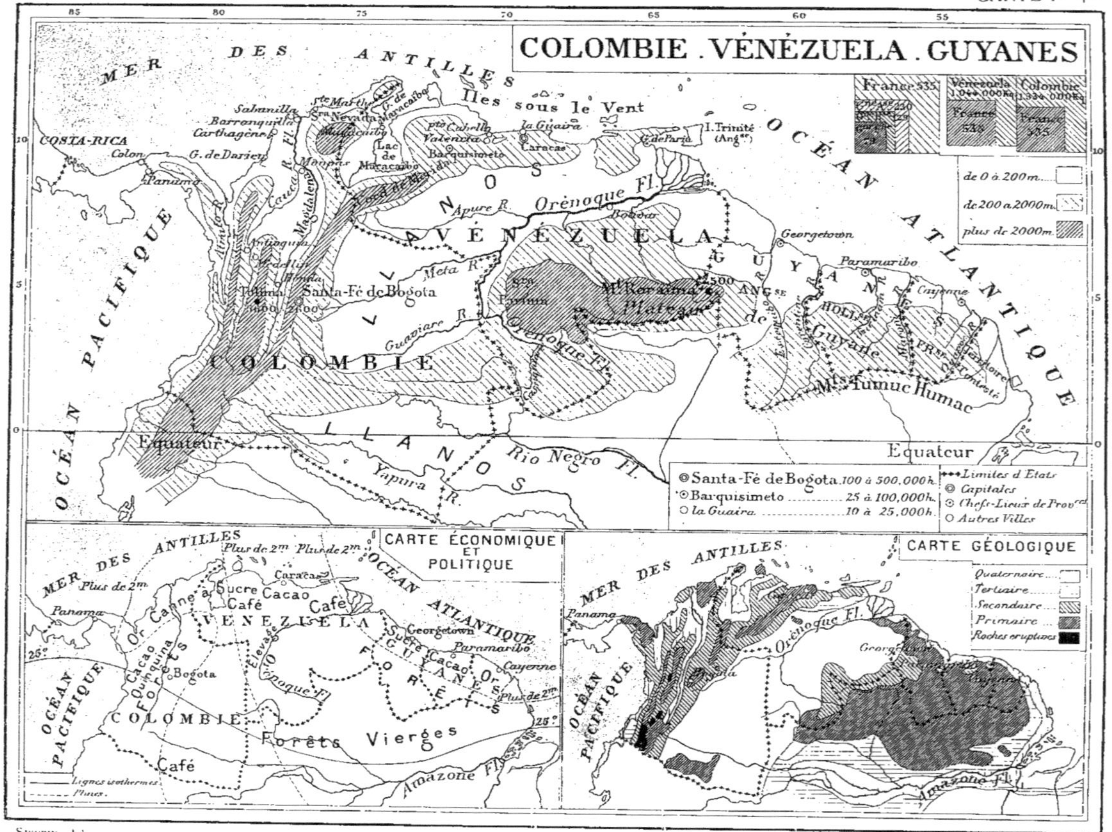

SIEURIN, del. MASSON et Cie, éditeurs.

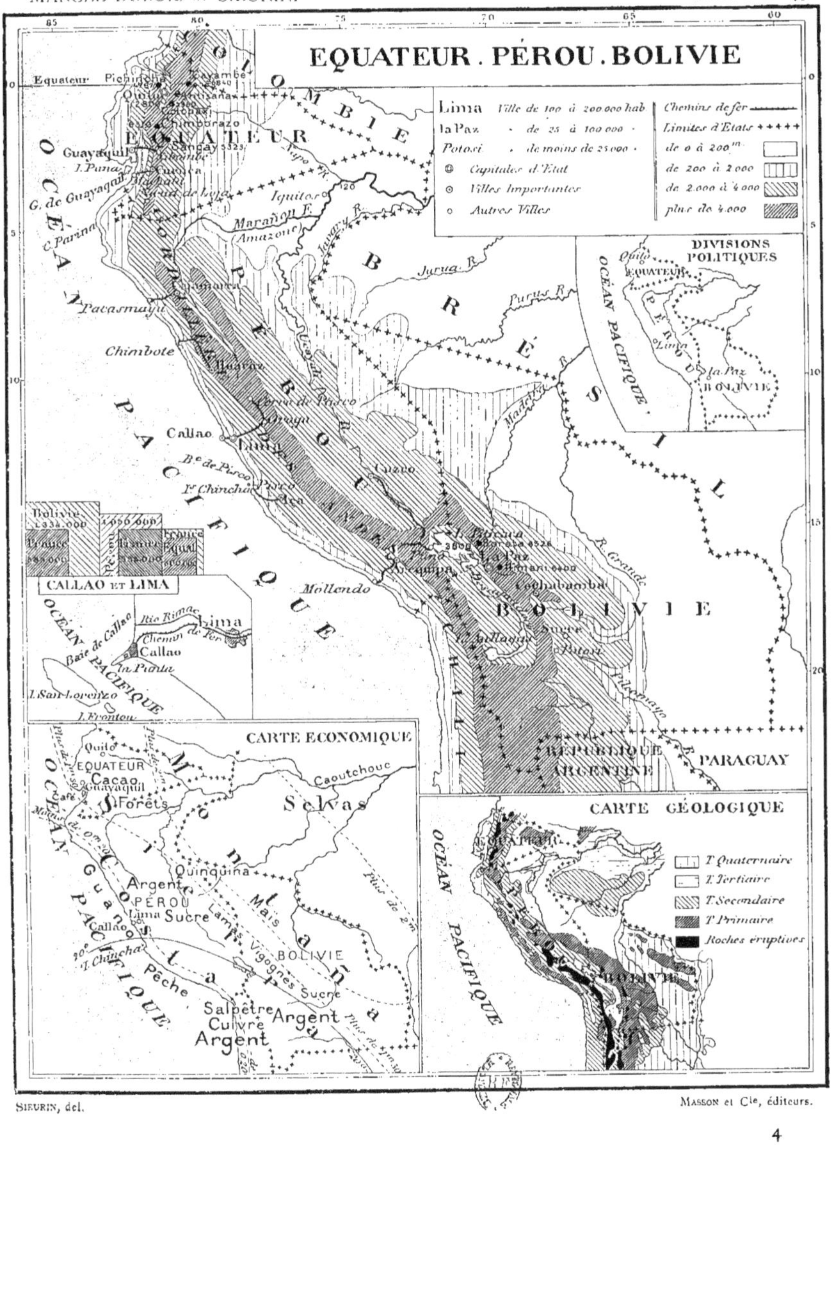

SIEURIN, del. MASSON et Cie, éditeurs.

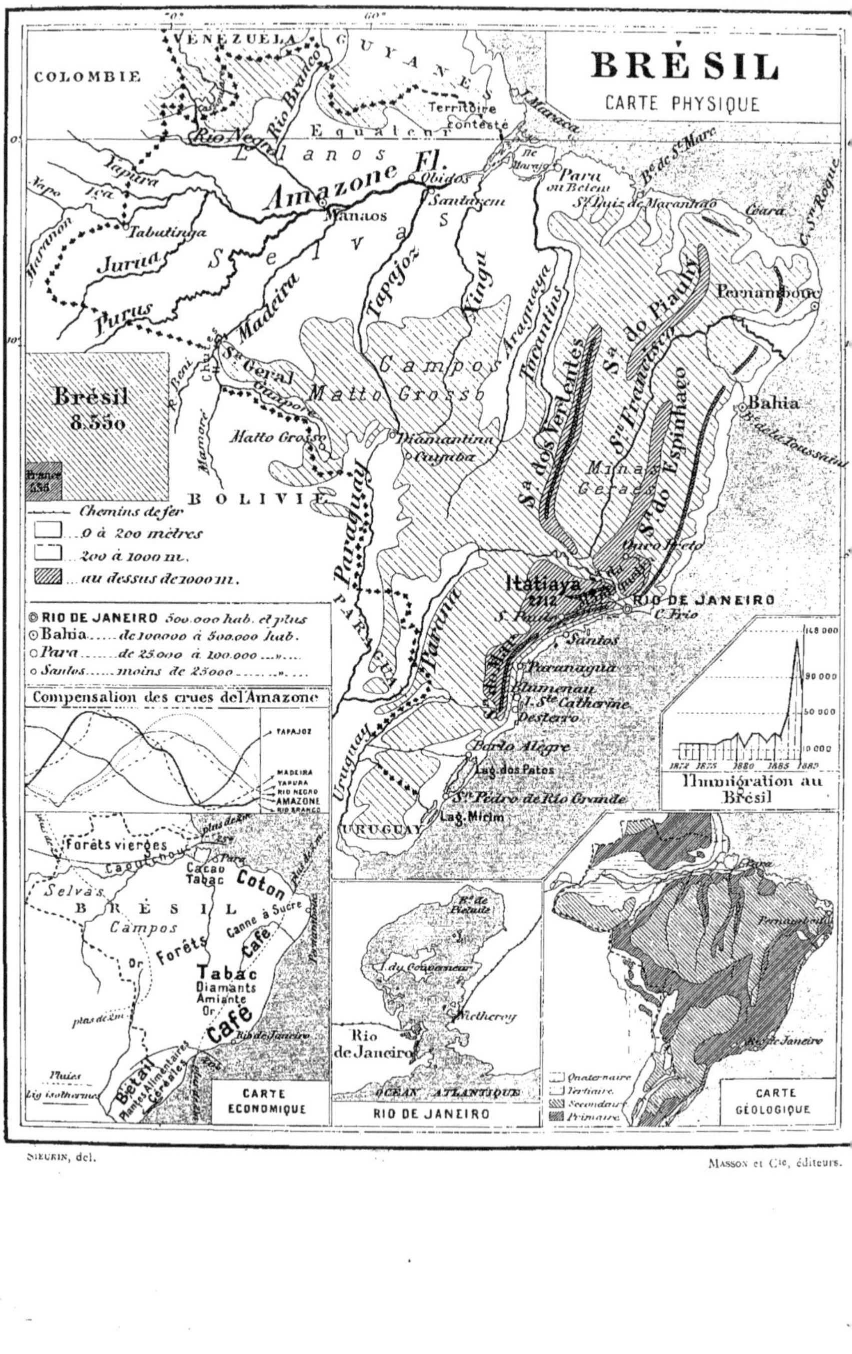
BRÉSIL
CARTE PHYSIQUE
COLOMBIE
VENEZUELA
GUYANES
Territoire contesté
Equateur
Llanos
Amazone Fl.
Selvas
Campos
Matto Grosso
BOLIVIE
Paraguay
Parana
Uruguay
URUGUAY
Minas Geraes
Itatiaya
RIO DE JANEIRO
Bahia
Pernambouc
Ceara
Santos
Lag. dos Patos
Lag. Mirim
Brésil 8.550
France 536
Chemins de fer
0 à 200 mètres
200 à 1000 m.
au dessus de 1000 m.
RIO DE JANEIRO 500.000 hab. et plus
Bahia ...... de 100000 à 500.000 hab.
Para .... de 25.000 à 100.000
Santos ...... moins de 25000
Compensation des crues de l'Amazone
Immigration au Brésil
CARTE ECONOMIQUE
RIO DE JANEIRO
CARTE GÉOLOGIQUE
Quaternaire
Tertiaire
Secondaire
Primaire

MARCEL DUBOIS ET SIEURIN. CARTE N° 51

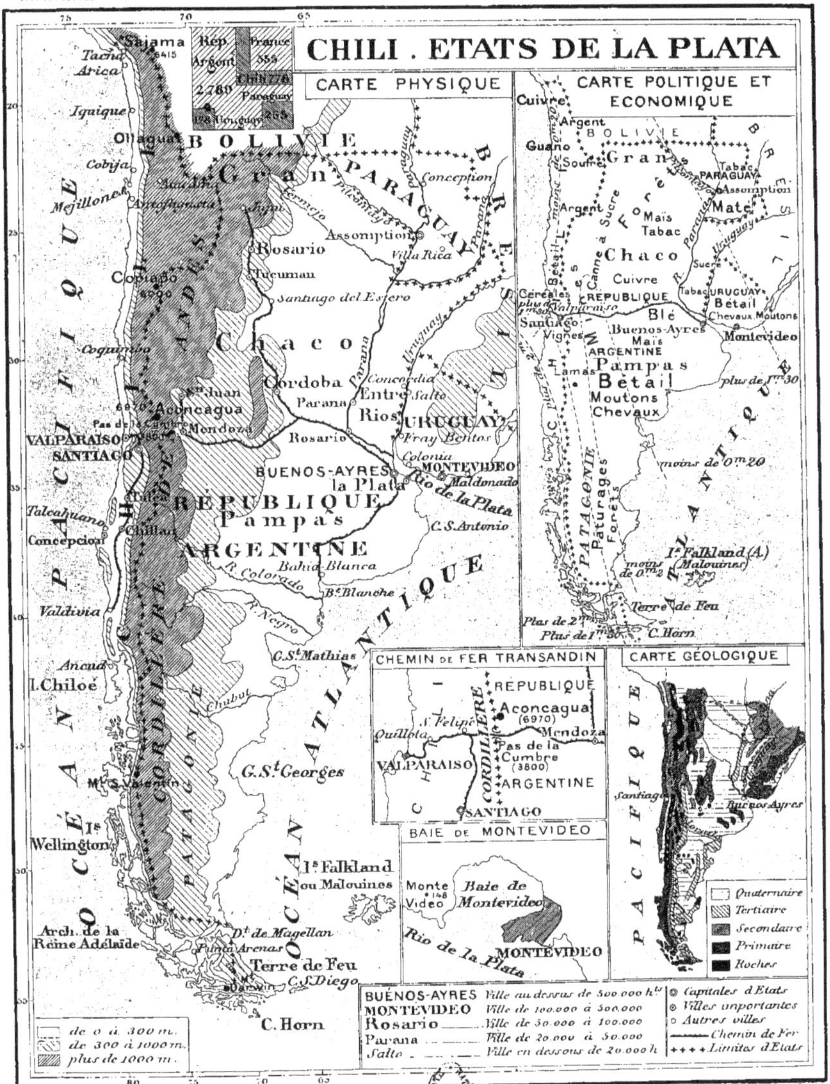

SIEURIN, del. MASSON et Cie, éditeurs.

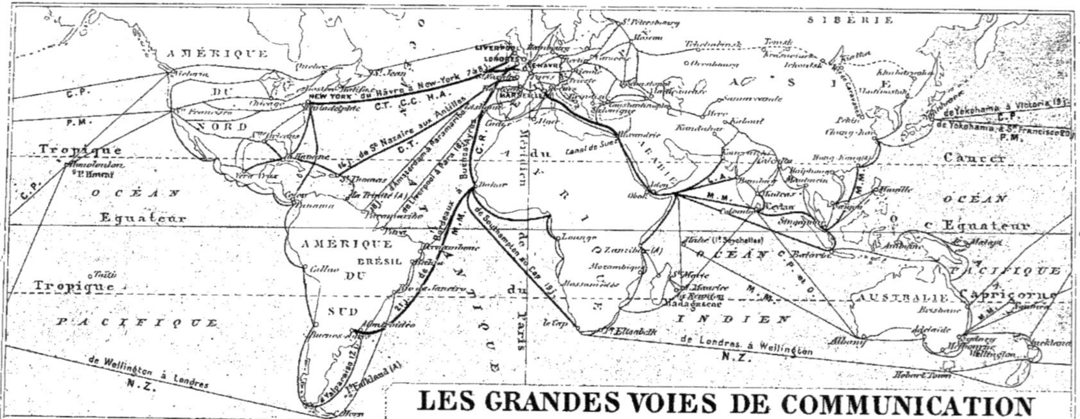

LES GRANDES VOIES DE COMMUNICATION

M.M. *Messageries maritimes* (France)	C.P. *Canadian Pacific* (Anglet.)	P.M. *Pacific Mail* (Amer.)
C.T. *Cie Générale transatlantique* "	N.Z. *New Zealand* "	H.A. *Hamburg american* (Allem.)
C.R. *Chargeurs réunis* "	C.C. *Cie Cunard* "	L.A. *Lloyd autrichien* (Autr.)
C.P. et O. *Cie Peninsulaire et Orle* (Anglet.)	B.I. *British India* "	*Paquebots* ═══ *Ch. de fer* ───

DURÉE DE QUELQUES GRANDS TRAJETS

du Havre	à New-York	7 à 8 jours
de St Nazaire	aux Antilles	14 "
de Bordeaux	à Dakar	7 "
"	à Pernambouc	13 "
"	à Buénos-Ayres	21 "
"	à Valparaiso	36 "
de Marseille	à Colombo	18 "
"	à Bombay	21 "
"	à Saïgon	27 "
"	à Yokohama	42 "
"	à Nouméa	42 "
de Victoria	à Yokohama	19 "
de St Francisco	à Yokohama	20 "
"	à Sydney	26 "
"	à Panama	15 "
de Londres	à Melbourne	45 "
"	à Sydney	50 "
de Londres à Sydney	par Méditerranée	30 "
de Liverpool à Sydney	par New-York et San Francisco	39 "

GRANDES LIGNES TÉLÉGRAPHIQUES

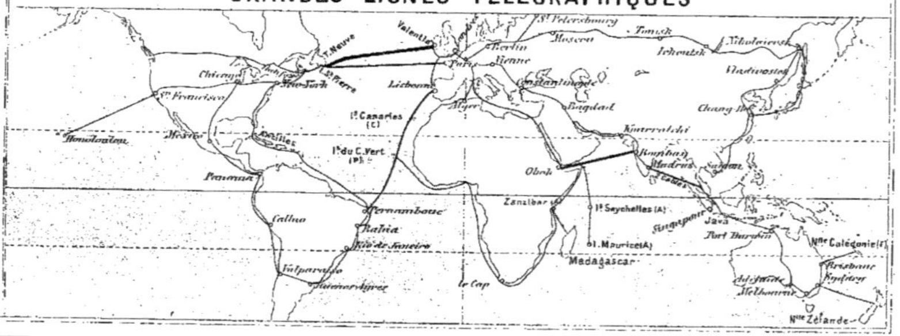

Sieurin, del.

www.ingramcontent.com/pod-product-compliance
Ingram Content Group UK Ltd.
Pitfield, Milton Keynes, MK11 3LW, UK
UKHW031949260826
14628UKWH00004B/1962